V&R

Carolin Tschage

Der kindlichen Seele Raum schaffen

Seelsorge an Grundschulen

VANDENHOECK & RUPRECHT

Bibliografische Information der Deutschen Nationalbibliothek:
Die Deutsche Nationalbibliothek verzeichnet diese Publikation in der Deutschen Nationalbibliografie; detaillierte bibliografische Daten sind im Internet über https://dnb.de abrufbar.

Umschlagabbildung: 1995547652/shutterstock.com

Satz: SchwabScantechnik, Göttingen
Druck und Bindung: ⊕ Hubert & Co, Göttingen
Printed in the EU

Vandenhoeck & Ruprecht Verlage | www.vandenhoeck-ruprecht-verlage.com

ISBN 978-3-525-70322-9

Inhalt

4 Der »Seelenvogel« als Paradigma für die Seelsorge an Grundschulen

5 Grundschulseelsorge praktisch – Beratung im Einzelsetting

6 Ein Nachklang

7 Literatur

1 Wozu ein Buch über Schulseelsorge an Grundschulen?

1.1 Wie alles begann …

Schulseelsorge an Grundschulen – der kindlichen Seele Raum geben. Was erwarten Sie, liebe Lesende[1], in einem Buch mit diesem Titel zu finden? Welche Beweggründe hatten Sie, es zu kaufen?

Am Anfang möchte ich Ihnen die Gründe nennen, welche mich zum Schreiben dieses Buches bewegt haben. Seit dem Jahr 2015 arbeite ich als Schulseelsorgerin an einer Grundschule, an der ich wiederum seit 2013 angestellt bin. Vor allem innerhalb des Religionsunterrichtes kam ich immer wieder in Situationen, in denen ich merkte, dass der Gesprächsrahmen des Unterrichtsgespräches nicht der richtige war. Kinder hatten echte Nöte und Anliegen, die aus ihnen herausbrachen, welchen ich aber in dieser Situation nicht gerecht werden konnte. Auch als Klassenlehrerin wurde ich oft von Schülern und Schülerinnen angesprochen und nahm mir dann in den Pausen im Nebenraum Zeit für sie, um ihnen zuzuhören und ja, ich gebe es zu – auch noch Ratschläge zu erteilen. Allerdings merkte ich, dass ich mit dieser Situation zunehmend unglücklich wurde, und sehnte mich nach einer Art Leitfaden für solche Gespräche. Als ich mich daraufhin auf die Suche nach Fortbildungsangeboten machte, fand ich die Möglichkeit der berufsbegleitenden Weiterbildung zur Schulseelsorgerin, welche durch meine Landeskirche angeboten wurde.

Nach Absprache mit meinem Schulleiter informierte ich mich weiter, führte Gespräche mit zuständigen Personen und konnte schließlich am Weiterbildungskurs teilnehmen. Schnell merkte ich, dass Schulseelsorge an Grundschulen ein brachliegendes Feld mit wenigen Arbeitern war. Ich war immer wieder in der Situation, mir selbst Inhalte und vor allem Beratungsmöglichkeiten »herunterzu-

---

1 Ich verwende im Text, wo möglich, die neutrale Form zur Bezeichnung der Geschlechter. Ist dies nicht möglich, verwende ich die männliche und weibliche Form nach dem Zufallsprinzip. Im Sinne der geschlechtersensiblen Sprache mögen sich bitte alle mitgemeint fühlen.

brechen«, sodass sie auf Kinder im Grundschulalter anwendbar waren. Um im Bild zu bleiben: Ich musste mir meine eigenen Werkzeuge bauen oder bekanntes Werkzeug mit neuen Teilen verbinden. Wie ich meinen Schülern zu sagen pflege, sind wir Erwachsenen aber oft faul und suchen nach möglichst effizienten Wegen. Also begab ich mich auf die Suche nach expliziter Literatur zur Schulseelsorge an Grundschulen. Schließlich gab es sicherlich schon vor mir Schulseelsorgende in ähnlichen Situationen. Ich stieß zwar auf jede Menge Literatur zur Schulseelsorge, allerdings war diese nicht ausdrücklich auf den Arbeitskontext der Grundschule bezogen. Also musste ich weiter bei meiner bewährten Methode der eigenen Anfertigung von Werkzeugen bleiben.

Es vergingen einige Jahre, in denen ich weitere Erfahrungen sammelte und Weiterbildungen besuchte. Ich führte viele Gespräche mit anderen Religionslehrerinnen an Grundschulen, welche sich hinsichtlich der seelsorgerlichen Dimension des Religionsunterrichtes genauso wie ich mehr Werkzeuge wünschten. Und ich führte zunehmend auch Gespräche mit Schulseelsorgekollegen weiterführender Schulen, welche bemerkten, dass Schulseelsorge an Grundschulen sich doch von Schulseelsorge an weiterführenden Schulen unterscheidet. Die Summe dieser Erfahrungen und Gedanken führte schließlich dazu, dass ich dieses Buch schreibe. Um meine Werkzeuge anzubieten und wenn es gut läuft, noch einige »Arbeiter« dazu zu gewinnen. Das Feld der Grundschulseelsorge ist sehr groß und der Boden bereit.

1.2 Reiseleitfaden

Ich möchte Ihnen nun unsere verschiedenen Etappen vorstellen, welche Ihnen auf der Reise durch dieses Buch begegnen werden.

Dabei werden wir in unserer ersten Reiseetappe einmal dem Begriff der Schulseelsorge an Grundschulen auf den Grund gehen und prüfen, ob sich diese wirklich von der Schulseelsorge an weiterführenden Schulen unterscheidet. Dazu werde ich kurz auf den Begriff des »Schulseelsorgers« eingehen und prüfen, ob ich ihn als Selbstbezeichnung gegenüber den Kindern anwenden möchte. Außerdem zeige ich anhand von verschiedenen Arbeitsfeldern der Schulseelsorge Gemeinsamkeiten und Unterschiede an unterschiedlichen Schularten auf. Dies führt uns schließlich zu einer erweiterten Definition für die Schulseelsorge an Grundschulen. Anschließend wenden wir uns den Entwicklungsstufen der Kinder im Grundschulalter sowie den damit einhergehenden Bedürfnissen zu. Sie können in diesem Kapitel lesen, wie Schulseelsorge an Grundschulen Angebote für die erarbeiteten Bedarfe schaffen kann. Dabei wird es also nach all der doch so wichtigen Theorie das erste Mal auch praktischen Input geben.

Auf unserer zweiten Reiseetappe lade ich Sie zu der Perspektive ein, die Schulseelsorge als sinnvolle Erweiterung des Systems Schule zu betrachten. Dabei wenden wir unseren Blick von den Kindern ab, hin zu den Erwachsenen, welche im Lebensraum Schule zu finden sind. Dies sind zum einen die Schulleitungen, aber auch das Lehrpersonal und die Eltern. Hier zeige ich auch wieder praktische Möglichkeiten, wie schulseelsorgerlich mit diesen Personengruppen interagiert werden kann.

Unsere dritte und vierte Reiseetappe wird sich nun der Praxis der Schulseelsorge an Grundschulen zuwenden. Dazu wird in dieser Station unserer Reise zunächst das Geheimnis gelüftet, weshalb auf dem Cover dieses Buches ein Vogel zu sehen ist. Für mich ist das Bild des »Seelenvogels«, welches Michal Snuit in ihrem gleichnamigen Buch (1995) verwendet, ein sehr gutes Bild für die Seele. So kann ich den Schülern einen Zugang zum Begriff der Schulseelsorge schaffen. Diese beinhaltet die Sorge um den »Seelenvogel«. Dazu skizziere ich eine Einführungsstunde, in der die Kinder einer Klasse den »Seelenvogel« und das, was in ihm ist, kennenlernen können. Ich arbeite in dieser Etappe also mit Klassen oder Schülergruppen und nicht mit Einzelnen. Nachdem die Schülerinnen den »Seelenvogel« kennengelernt haben, verwende ich die Bilder, die ihn zeigen, auch in weiteren Stunden. Damit kann ich aufkommende Gefühle bei Themen wie dem krankheitsbedingten Ausfall einer Lehrerin oder auch Krieg gut begleiten. Das Kapitel schließt mit der Vorstellung eines Kurses, welcher die Selbstwirksamkeit und das Selbstbewusstsein der Kinder stärkt.

In der letzten Reiseetappe beschäftigen wir uns gewissermaßen mit dem Kern der Schulseelsorge: Dem Beratungsgespräch im Einzelsetting. Ich nenne und erläutere zwei Möglichkeiten, mit Kindern ins Gespräch kommen, die von den Ratsuchenden nur wenig Sprache erfordern. Dies sind zwei Therapieformen, welche auch der Psychotherapie mit Kindern zuzuordnen sind: Die Gestalttherapie und die Teilearbeit mit Tierfiguren. Es sind zwei sehr unterschiedliche, aber doch sehr kindbezogene methodische Möglichkeiten, die auch Schulseelsorgende nutzen können. Am Ende dieses Kapitels werde ich darauf eingehen, wie ich inhaltlich als Schulseelsorgerin an einer Grundschule arbeite. Anhand der Themen »Leistungsdruck« und »Umgang mit Trauer und Verlust« zeige ich meine eigenen Herangehensweisen und Handlungen.

Am Ende steht ein Nachklang dessen, was ich selbst auf der Reise mit diesem Buch erlebte, was nicht verarbeitet werden kann und nicht zuletzt auch Anregungen für Sie als Lesende. Es lohnt sich also, das Buch bis zum Ende zu lesen.

Ich lade Sie, liebe Lesende nun ganz herzlich ein, mit mir auf die Reise zu gehen. Zu lesen, aber auch für sich selbst zu prüfen, ob meine Art sich an Ihr eigenes Handeln anpassen lässt. Zu prüfen, ob Sie ganz eigene neue Ideen haben. Vielleicht regt sich bei Ihnen aber auch Widerstand beim Lesen meiner Ausführungen und Sie kommen ins kritische Hinterfragen.

Ich wünsche Ihnen, dass Sie nach dem Lesen meines Buches ein Stück weit mehr die Schulseelsorge an Grundschulen einordnen können und vielleicht sogar die eine oder andere Anregung für Ihr eigenes Handeln gewonnen haben.

Doch nun genug der einleitenden Worte. Starten wir unsere Reise bei den eigentlichen Protagonisten dieses Buches: Den Kindern und ihrer Auffassung der »Seele«.

2 Schulseelsorge für Kinder

Wenn ich mich als Schulseelsorgerin einer Grundschule vorstelle, begegnen mir viele fragende Gesichter. Erkläre ich anschließend, was ich darunter verstehe, wird sehr oft folgende Frage an mich herangetragen: »Welche Probleme können Grundschulkinder denn schon haben?«. Vielleicht liegt Sie auch Ihnen auf der Zunge oder dem Herzen. Doch lassen Sie mich noch einen kurzen Moment davon ausgehen, dass wir die Basis einer Übereinstimmung über die Notwendigkeit der Schulseelsorge für Kinder gefunden haben. Zunächst einmal möchte ich gern klären, was die Rollenzuschreibung »Schulseelsorgerin« im Rahmen meiner Arbeit überhaupt bedeutet.

Wenn es um das Begriffspaar »Schule und Sorge« geht, haben die meisten Menschen eine Idee, was darunter zu verstehen ist. Auch mir persönlich geht das so. Für mich ist das Wort »Seele« ein Wort, an dem ich hängen bleibe. Seele. Ein altes Wort, welches immer noch in unserer Umgangssprache verwendet wird, doch oftmals nicht mehr richtig erklärt werden kann. Ein Wort, das häufig auch gleich mit Kirche bzw. etwas Religiösem verbunden wird.

Ich möchte an dieser Stelle zunächst einmal gern den Kindern selbst das Wort geben, um das Verständnis des Begriffs der Seele etwas zu beleuchten. Dazu habe ich Freunde und Bekannte beauftragt, ihren Kindern im Alter von drei bis elf Jahren folgende Frage zu stellen: Was ist die Seele? Dazu sollten keine verstärkenden Hinweise gegeben werden.

Bevor Sie, liebe Lesende, nun gleich die Antworten der Kinder lesen, lade ich Sie zu einem Moment des Innehaltens ein. Denken Sie doch einmal über Ihre persönliche Beantwortung dieser Frage nach: Was verstehe ich darunter?

Anschließend können Sie hier die Antworten lesen und sehen, welchen sie zustimmen können, welche Ihnen neue Perspektiven geben oder welche Sie vielleicht auch gar nicht nachvollziehen können:

»Ich habe eine Seele.« (Kind, 3 Jahre)

»Die Seele wohnt oben im Kopf und sie ist lieb.« (Kind, 4 Jahre)

»Die Seele ist eine Art Geist, wie der Heilige Geist vielleicht. Und die Seele hat die ganzen Gefühle in sich.« (Kind, 9 Jahre)

»Die Seele ist das, was im Körper drin ist. Da ist abgespeichert, was man denkt und fühlt. Manche Leute sind an der Seele krank. Sie sind dann ganz abwesend.« (Kind, 9 Jahre)

»Die Seele ist wichtig für die Menschheit. Ohne Seele hätte man keine Schmerzen, denn man hätte dann keine Gefühle. Ich stelle mir die Seele wie eine Taube vor.« (Kind, 10 Jahre)

»Die Seele ist mitten unter uns. Sie ist das, was man nicht erreichen kann. Die Seele ist bei jedem anders. Bei dem einen ist die Seele recht sauber, da muss Gott nicht viel machen. Bei manchem muss Gott aber eben ein bisschen helfen und sagen, was gut für sie ist. Die Seele lässt uns auch leicht etwas Böses tun und manchmal verirren wir uns dadurch. Gott reinigt die Seele, wenn wir etwas Böses gemacht haben. Wenn wir sterben, geht die Seele zu Gott und Gott weiß dann, dass sie von uns ist. Die Seele kann man dann nicht erreichen oder berühren. Nur Gott kann sie sehen.« (Kind, 10 Jahre)

»Ich stelle mir die Seele wie ein Buch vor. Sie ist nichts, aber auch alles. Du kannst die Seele nicht anfassen. Die Seele ist im Kopf, unterhalb des Gehirns eingeschlossen. Ohne Seele hat man keine Empfindungen mehr. Die Seele kann beschädigt werden durch Enttäuschungen und Leiden. Nach dem Tod kommt die Seele in den Himmel und man bekommt einen neuen Körper. Die Seele ist wie ein SIM-Karte im Handy. Nach ca. 1 Million Jahren wird sie ausgelöscht und bekommt einen neuen Körper und fängt neu an.« (Kind, 10 Jahre)

»Die Seele ist ein Ast voller geschlossener Blüten. Bei guten Taten öffnet sich eine Blüte. Tut man was Böses, wächst ein Dorn.« (Kind, 10 Jahre)

Ein Teil einer Kinderantwort soll hier exemplarisch dafür stehen, welche gemeinsamen Merkmale ich aus den Antworten herausgearbeitet habe:

»Da ist was im Körper drin, wo abgespeichert ist, was man denkt und fühlt.« (Kind, 9 Jahre)

Aus den weiteren Antworten kristallisierte sich heraus, dass die befragten Kinder den Begriff kannten bzw. schon einmal gehört hatten. In fast allen Fällen war eine Verortung der Seele innerhalb des Körpers gegeben. Andere Beispiele zeigten, dass ältere Kinder schon eigene innere Bilder für die Seele hatten, wie zum Beispiel das Buch über einen selbst, das nur schwer greifbar ist. Der größte Teil der Befragten dachte auch nicht gegenständlich von der Seele, sondern sah die Seele als etwas Unsichtbares, das man nicht anfassen kann. Einige sprachen auch von Verletzungen oder Eigenschaften der Seele. Am meisten beeindruckt hat mich das Bild eines zehnjährigen Mädchens als dem der Seele von einer Blume, die bei guten Taten Blüten treibt und bei bösen Taten Dornen.

Es würde sich sicher lohnen, diese »Seelenvorstellungen« von Kindern weiter zu erheben und zu untersuchen, doch leider würde dies den Umfang der mit mir vereinbarten Seitenanzahl sprengen.

Diese, zugegeben, nicht repräsentative Befragung zeigt mir, dass der Begriff der »Seele« im Wortschatz der Kinder vorhanden ist. Das wird auch anhand einer Studie zum Seelenkonzept von Kindern aus dem Jahr 2006 deutlich, in der die Psychologen Rebekah A. Richert und Paul L. Harris Kinder im Alter von vier bis zwölf Jahren daraufhin befragt haben, ob die Taufe einen Einfluss auf ihren Körper, ihre Seele oder ihren Geist habe. Dabei stellte sich heraus, dass die meisten Kinder eine Veränderung der Seele, nicht aber ihres Gehirns oder des Geistes bemerkten. In einer sich daran anschließenden Studie wurden sechs bis zwölf Jahre alte Kinder nach Funktionen der Seele (z. B. beim Gebet) und ihrer Veränderbarkeit oder Stabilität befragt. Eine der gestellten Fragen war beispielsweise, ob sich ein Mensch auch ohne Gehirn und Seele etwas wünschen könne. Dadurch zeichneten sich für die Bereiche Gehirn, Geist und Seele eindeutige Zuschreibungen heraus. Gehirn und Geist haben aus Sicht der Kinder eine kognitive Funktion, der Seele wurde ausschließlich eine spirituelle zugeschrieben (vgl. Büttner/Dieterich 2016, S. 107).

Mithilfe dieser Studie lässt sich abschließend festhalten, dass Kinder ein Seelenkonzept haben, die Seele mit spirituellen Funktionen verbunden wird und ein Ort der Stabilität ist, da sie sich nicht verändert (vgl. Büttner/Dieterich 2016, S. 108). Dieser kleine Exkurs fasst für mich die Vorstellungen, die Kinder von Seele haben, zunächst erst einmal genügend zusammen.

Eine zentrale Frage für mich als *Schulseelsorgerin* an einer Grundschule war zunächst, ob ich mir selbst auch diese Bezeichnung zuschreiben sollte oder ob sie der Lebenswelt der heutigen Kinder zu fremd ist. Als ich begann, meine Arbeit als Schulseelsorgerin in meinen Religionsklassen vorzustellen, sagten die Kinder schnell: »Ach, du bist eine Beratungslehrerin.« Anscheinend ist ihnen diese Bezeichnung durch ältere Geschwister geläufiger.

Der Begriff der »Seelsorge« geht für mich allerdings ein ganzes Stück weit über die Arbeit bzw. auch das Angebot einer Beratungslehrerin hinaus. Auch dies macht für mich das Wort »Seele« in der Schulseelsorge deutlich. Deshalb beschloss ich letztendlich doch, mich entsprechend zu bezeichnen und mein Arbeitsfeld auch als Schulseelsorge zu definieren. Im Rahmen meiner Tätigkeit wollte ich dann auch den Kindern mein Konzept der Schulseelsorge zugänglich machen, indem wir uns erst der Seele annäherten. Näheres dazu finden Sie in Kapitel 4.1. Außerdem ist die Seele für mich persönlich auch mit einer spirituellen Komponente verbunden und mit meinem christlichen Glauben, der mir ein wichtiger Anker in meiner Arbeit als Schulseelsorgerin ist.

Nachdem ich nun festgestellt habe, dass ich die Begriffszuschreibung »Schulseelsorge« auch für meine Arbeit an der Grundschule in Anspruch nehme, möchte ich diese im folgenden Kapitel mit der Schulseelsorge an weiterführenden Schulen vergleichen und gegebenenfalls abgrenzen.

2.1 Schulseelsorge an Grundschulen - ein Sonderfall?

Schulseelsorge gibt es in Hessen bereits seit vielen Jahren. In meinem Weiterbildungskurs zur Schulseelsorgerin in der EKHN (Evangelische Kirche in Hessen und Nassau) lernte ich jedoch, dass sich Grundschulen und weiterführende Schulen in dieser Hinsicht deutlich voneinander unterschieden. Mein kirchlicher Vorgesetzter meinte schon zu Beginn meiner Arbeit als Schulseelsorgerin, dass es im Bereich Grundschule in der EKHN nicht viele weitere Kollegen gäbe. Dies macht auch eine Tabelle in der Festschrift »Damit keiner verloren geht – 25 Jahre Schulseelsorge in der Evangelischen Kirche Hessen und Nassau«[2] deutlich, in welcher im Jahr 2013 genau zwei Schulseelsorgerinnen an Grundschulen angegeben werden. Durch meinen Qualifizierungskurs zur Schulseelsorgerin und meiner nun schon einige Jahre währenden Arbeit in dieser Funktion an einer Grundschule erschlossen sich mir Unterschiede, aber auch Gemeinsamkeiten zwischen der Schulseelsorge an Grundschulen und weiterführenden Schulen.

In der EKD (Evangelische Kirche Deutschland) ist die Schulseelsorge ein relativ junges Arbeitsfeld. Dies wird daran ersichtlich, dass die erste EKD-weite Tagung zur Evangelischen Schulseelsorge erst 2006 stattfand. Die EKHN, welche eine der vielen Landeskirchen in der EKD ist, begann schon 1988 mit der Beauftragung von Schulseelsorgern (vgl. Comenius-Institut 2019). Was genau diese kirchliche Beauftragung bedeutet und beinhaltet, ist abhängig von den Vereinbarungen mit den jeweiligen Landeskirchen. In meiner eigenen Landeskirche werde ich aufgrund der Zuschreibung Lehrerin als sogenannte »Schulseelsorgerin im Ehrenamt« beauftragt und habe somit die Rechte und den Schutz aller ehrenamtlich Arbeitenden in der Kirche. Voraussetzung für die

2 https://www.rpi-ekkw-ekhn.de/fileadmin/templates/rpi/normal/material/arbeitsbereiche/ab_schulseelsorge/material/SSS-25-Jahre-Schulseelsorge-Glossy.pdf (Zugriff am 13.04.2023).

Beauftragung sind eine fachwissenschaftlich-theologische Ausbildung, die meist mit dem Studium und Unterrichtserfahrung abgegolten ist, und eine Teilnahme am Weiterbildungskurs zur Qualifikation in der Schulseelsorge (Steuerungsgruppe für Schulseelsorge, 2017). In der EKHN wird hierzu ein Vertrag zwischen Schule und Kirche geschlossen, in dem sich die Schule verpflichtet, mindestens eine Deputatsstunde aus dem Stundenbudget zur Verfügung zu stellen. Darüber hinaus enthält der Vertrag auch Vereinbarungen zum Seelsorgegeheimnis.

Diese Informationen zur Beauftragung als Schulseelsorger stelle ich den weiteren Nachforschungen voran, da diese Voraussetzung für das Ausüben von Schulseelsorge an Grundschulen ist. Hinsichtlich der Beauftragung an einer Grundschule gibt es gegenüber der Beauftragung von Lehrerinnen oder auch Schulpfarrern an weiterführenden Schulen keinen klaren Sonderfall festzustellen.

In diesem Kapitel begebe ich mich nun zunächst auf die Suche nach einer Definition von Schulseelsorge, um anhand dieser eine ergänzende Begriffsbeschreibung der Schulseelsorge an Grundschulen herauszuarbeiten. Daran anschließend werde ich die Frage beantworten, ob Grundschulseelsorge wirklich einen Sonderfall bezüglich ihrer Definition und Angebote darstellt.

Auf der Suche nach einer einheitlichen Definition der von mir praktizierten Tätigkeit wurde klar, dass es diese nicht gibt. Mir fiel auf, dass in sämtlicher Literatur, die ich dazu las, ein anderer Schwerpunkt gesetzt wurde. Für einige Autoren war es beispielsweise wichtig, die beiden Systeme Schule und Kirche sowie deren jeweilige Tätigkeitsbereiche in der Definition zu benennen. Für andere sind die Kompetenzen der ausführenden Schulseelsorgenden wichtig. Die Theologin Anna-Katharina Lienau (2017) stellt nach ihrer Suche nach einer Definition zusammenfassend fest, dass »Schulseelsorge« »ein diffuser und defizitärer Begriff« (S. 22) sei. Dennoch entscheidet sie sich, ihn zu verwenden, weil es sich um eine »prägnante kurze Formulierung« (S. 25) handelt. Außerdem wird er von beiden großen Kirchen in Deutschland verstanden und auch interreligiös lässt sich daran anschließen (S. 26). Ich folge dieser Argumentation.

Die Grundlage einzelner Aspekte vieler Definitionen des Begriffes »Schulseelsorge« ist der 2015 erschienene Orientierungsrahmen »Evangelische Schulseelsorge in der EKD«. Schulseelsorge wird darin als Angebot der Kirche definiert, das Beratung und Begleitung auf Basis des christlichen Glaubens anbietet und gleichzeitig Vernetzung und Beitrag zu humaner Schulkultur leistet. Besonders hervorzuheben sei dabei die Beratung, welche meist als Einzelgespräch stattfinde und unter dem besonderen Schutz des Seelsorgegeheimnisses stehe (vgl. Kirchenamt der evangelischen Kirche, 2015). Dem stimme ich auch bezüglich der Schulseelsorge an Grundschulen zu. Anmerken möchte ich dabei noch, dass oftmals die Gefahr besteht, den Begriff der »Schulseelsorge« auf die alleinige Aufgabe der Beratung hin zu verengen.

Die Begriffsdefinition der EKD wurde aus der Perspektive der Kirche geschrieben, die im Lebensraum Schule ein Angebot schafft. Auf der Suche nach einer anderen Perspektive, welche weder vom System Kirche noch vom System Schule ausgeht, entdecke ich den Begriff »Kinderseelsorge«. Dieser erscheint mir mehr auf die Seelsorge von Grundschulkindern abgestimmt. Die Beschreibung »Kinderseelsorge« wird in der Literatur allerdings im Zusammenhang mit Seelsorge für kranke Kinder verwendet und ist daher von der Schulseelsorge für Grundschulkinder zu unterscheiden. Dennoch habe ich einen für mich wichtigen Aspekt von Kinderseelsorge herausgearbeitet. Den Ausgangspunkt der Überlegungen zur Kinderseelsorge bildet, »das Kind in seiner Situation verstehen zu können« (Mack, 2011, S. 10). Deswegen sei es auch wichtig, Formen der Seelsorge zu finden, die dem kindlichen Wesen entsprechen (vgl. Städtler-Mach, 2004). Genau diese andere Perspektive – vom Kind ausgehend und nicht von einem System – wünsche ich mir in der Schulseelsorge an Grundschulen. Diejenigen, die ich in der Schule primär als Schulseelsorgerin ansprechen möchte, sind die Kinder. Daneben gibt es natürlich noch weitere Personen, die zum Lebensraum Schule gehören. Doch die Ansprache dieser Personen(-gruppen) bzw. Angebote für diese unterscheiden sich eher weniger von der Schulseelsorge an weiterführenden Schulen. Deshalb werden sie nicht im Fokus meiner Betrachtungen stehen.

Meine Frage, die ich als Angehörige beider Systeme – Schule und Kirche – bei der Suche nach einer passenden Definition immer im Hinterkopf habe, ist: Was braucht das Kind? Davon ausgehend kann ich meine Angebote gestalten. Auch die Frage nach den Angeboten und ihrer spezifischen Ausrichtung innerhalb der Seelsorge an Grundschulen ist wichtig, wenn ich mich auf die Suche nach einer Definition begebe.

Anders als in der Seelsorge im allgemeinen Begriffsverständnis umfasst Schulseelsorge mehr als Beratungsgespräche und Beistand in existentiell bedrohlichen Situationen. Sie beinhaltet »vielgestaltige Formen und Konkretionen religiöser Kommunikation im Schulleben« (Horstmann 2020, S. 153).

Diese Formen lassen sich verschiedenen Bereichen der Schulseelsorge zuordnen. Matthias Spenn (2011) formuliert in einer Veröffentlichung des Comenius Institutes die spezifischen Aufgabenkreise der Schulseelsorgearbeit. Diese möchte ich aufgreifen, beschreiben und prüfen, ob eine Abgrenzung der Schulseelsorge an Grundschulen nötig ist.

Das persönliche Gespräch

Zunächst einmal nennt Spenn (2011) das persönliche Gespräch, wobei er zwischen »Tür-und-Angel-Gespräch« sowie dem »Seelsorgegespräch« unterscheidet. Aus dem Tür-und- Angel-Gespräch besteht nicht nur in der Grundschule ein Großteil der schulseelsorgerlichen Arbeit. In meiner Praxis als Grundschullehrerin, die noch sehr nahe am Kind arbeitet, gibt es jeden Tag eine Vielzahl von Gesprächen. Auch bei meinen Kollegen beobachte ich dieses Gespür für die Stimmung des Kindes und das darauffolgende Nachfragen nach den Gründen für das Befinden. Gerade Klassenlehrerinnen werden hier gern von den Kindern als Ansprechpartner angenommen. Tür-und-Angel-Gespräche führen wir Lehrer an einer Grundschule also täglich. Da ich sowohl als Schulseelsorgerin als auch als Fachlehrerin vieler Klassen fungiere, muss für mich hier auch immer noch mal die Rollenklarheit hergestellt werden, weil gerade jüngere Kinder diese Unterscheidung noch nicht verstehen. An wen wendet sich das Kind also gerade? An mich als Schulseelsorgerin oder Fachlehrerin? Wenn ich merke, dass dieses Tür-und-Angel-Gespräch mehr Zeit und einen ruhigen Ort braucht, biete ich dem Kind ein längeres persönliches Treffen an. Ich sage dann oft, dass ich mir Zeit nehmen möchte, dem Kind zuzuhören, bezeichne dieses Gespräch in seiner Gegenwart aber nicht als Beratungsgespräch. Gerade im Tür-und-Angel-Gespräch formulieren die kleinen Ratsuchenden oft die klare Erwartung, dass sie einen Ratschlag bekommen möchten. Dennoch erteile ich den Kindern diesen nur sehr selten. Ich arbeite in meiner Beratungsarbeit sehr lösungsorientiert, gehe dabei aber vom Ratsuchenden und seinen Ressourcen aus. Kinder sind noch sehr beeinflussbar und sehen den Erwachsenen oft nicht als Berater, sondern als jemanden, der ihnen genau sagt, was sie zu tun haben. Weil er es besser weiß als sie. Allerdings sind diese aus meiner individuellen Erwachsenperspektive gesprochenen Ratschläge im Leben des Kindes selten von längerfristigem Nutzen bzw. liegen vielleicht auch nicht im Rahmen der kindlichen Persönlichkeit und ihren Möglichkeiten. Die Kinder kämen auch in weiteren Situationen, in denen sie mit ihren eigenen Handlungsstrategien am Ende sind, wieder zu mir und lernten es nie, eigene Lösungsansätze zu entwickeln. Und selbst wenn ich das Kind gut kenne und einen zu ihm passenden Problemlöseweg im Kopf habe, hüte ich mich davor, diese Gedanken gleich preiszugeben. Zuhören ist hierbei für den Seelsorger ein guter Tipp.

Eine wichtige Voraussetzung beim persönlichen Gespräch ist der Aspekt der Freiwilligkeit. In meiner Praxis als Schulseelsorgerin kommt es oft vor, dass ein Kollege zu mir kommt und meint, ich solle mal mit dem Kind »xy« sprechen. Ich mache dabei darauf aufmerksam, dass ich dem Kind eine Gesprächsmöglichkeit anbieten kann, aber es nicht dazu zwinge. Die Inhalte des Gespräches werde ich allerdings anschließend nicht mit dem Lehrer besprechen, welcher um das Gespräch bat. Hier greift das Seelsorgegeheimnis.

Beratungsgespräche machen einen großen zeitlichen Anteil meiner Arbeit aus und ich biete sie regelmäßig an. In diesem Angebot unterscheidet sich meine Arbeit als Schulseelsorgerin einer Grundschule kaum vom Angebot der Schulseelsorger an weiterführenden Schulen. Den Unterschied dabei bilden die anderen Gesprächsformen, die Kinder im Grundschulalter brauchen. Diese werden in Kapitel 5 näher beschrieben. Leider findet diese andere Art und Weise des Gesprächs meiner Wahrnehmung nach in der Literatur und auch in der Fortbildungslandschaft nur wenig Beachtung. Hierbei gibt es noch ein großes Entwicklungspotential.

Angebote religiöser Praxis

Neben dem, wie bereits erwähnt, sehr großen Anteil schulseelsorgerlicher Beratungsgespräche gibt es auch noch Angebote religiöser Praxis wie Schulgottesdienste, Andachten oder Meditationen (Spenn 2011). Auch diese finden in der Grundschule statt und ich sehe nur wenige Unterschiede zur Praxis der Schulseelsorge an weiterführenden Schulen. Für Schulgottesdienste oder religiöse Feiern ist die Absprache mit der Schulleitung, der Ortsgemeinde oder anderen an der Schule vertretenen Glaubensgemeinschaften sowohl an weiterführenden Schulen als auch an Grundschulen eine wichtige Voraussetzung. Die Inhalte der Angebote hängen stark von den örtlichen Gegebenheiten und Räumen ab, die dazu gebraucht werden.

Hier ist gerade auch der Schulanfangsgottesdienst hervorzuheben, denn dieser ist ein wichtiges Element in dem Übergangsprozess, den die Kinder an dieser Stelle ihrer Biografie erleben. Ein Einschulungsgottesdienst kann den Übergang rituell begleiten (vgl. Gojny/Pirner 2019, S. 128). Den Schulanfängern kann auf diesem Wege Mut für den kommenden neuen und unbekannten Lebensabschnitt gemacht werden (S. 134). Durch den Gottesdienst wird der Fokus nicht auf das Lernen und die Leistung gelegt, sondern es wird gezeigt, dass es noch viel mehr im Leben gibt. Selbst kirchenferne Familien können so positive Erfahrungen mit »der Kirche« sammeln (S. 132). Elementar sind beim Einschulungsgottesdienst der Segen, welcher durch die Einzelsegnung ausgespendet wird, sowie der Lebensweltbezug. Gerade letzteres ist wichtig, wenn der Einschulungsgottesdienst wirklich für die einzuschulenden Kinder erfahrbar gemacht werden soll. In den meisten Grundschulen sind diese Einschulungsgottesdienste schon jahrelang etabliert und werden kaum in Frage gestellt. Zukünftig drängender wird die Frage nach der Öffnung des Gottesdienstes für nicht-religiöse Familien bzw. andere Religionsgemeinschaften, was sich gerade im Grundschulbereich als schwierig erweisen kann. Denn, wie beschrieben, ist hier einerseits der Lebensweltbezug sehr wichtig und zentral. Andererseits will jede Religion ihr Profil bewahren und dieses nicht aufgeweicht wissen. Wie gehen andere Religionen mit Gottesdiensten speziell für Kinder um? Welchen Stellenwert haben Kinder in den anderen Religionen? All das sind Fragen, denen es in den nächsten Jahren gemeinsam nachzuspüren gilt und auf die Antworten erfolgen müssen.

Das Ritual des Übergangs wird in der Grundschule innerhalb relativ kurzer Zeit ein zweites Mal durchgespielt. Nach nur vier Jahren zur Verabschiedung der vierten Klassen. Dieser Gottesdienst hat meiner Erfahrung nach nicht den gleichen Stellenwert und auch einen anderen Charakter als der Einschulungsgottesdienst. Die Kinder sind älter, gestärkter und wissen, was es heißt, in eine Schule zu gehen. Es ist wunderbar möglich, diesen Gottesdienst gemeinsam mit den Kindern vorzubereiten und ihn so zu ihrem eigenen werden zu lassen. Dies kann dann auch schon auf die Mitgestaltung bei Gottesdiensten an den weiterführenden Schulen vorbereiten und so eine gute Brücke bilden. Meist beschränken sich die spirituellen Angebote der Schulseelsorge an Grundschulen auf die Gestaltung des Schulanfangs- und Abschlussgottesdienstes. Kleine Feiern als andere Formen des Gottesdienstes, wie beispielsweise das Erntedankfest, werden oft im Rahmen des Religionsunterrichtes gefeiert.

Gestaltung von Schule als Lebensraum

Anstelle der von Spenn (2011) gebrauchten Überschrift der Mitgestaltung des Schullebens möchte ich an dieser Stelle davon abweichen und die Überschrift »Die Gestaltung der Schule als Lebensraum« (§ 1 Abs. 2 SchulSVO EKHN) aus der Schulseelsorgeverordnung der EKHN aufgreifen. Sie hilft dabei, dass die Verantwortlichen das Wohl des Kindes weiterhin im Fokus behalten und dafür besondere Angebote schaffen. Außerdem können die Schulseelsorgenden auch in Erscheinung treten, sodass die Kinder wissen, welches Gesicht sich hinter dem Ansprechpartner für eventuell benötigte Beratungsgespräche verbirgt. Dies ist gerade an Grundschulen ein Vorteil, da sie in der Regel nicht so viele Schülerinnen hat wie eine weiterführende Schule. Verfügt eine Grundschule über einen Raum der Stille, kann der Schulseelsorger hier auch wöchentliche Angebote wie stille Pausen oder ein gemeinsames Frühstück stattfinden lassen. Aus meiner Erfahrung heraus können dies gute Türöffner zur Inanspruchnahme von Beratungsgesprächen sein. Generell birgt so ein Raum der Stille in

Grundschulen einen großen Schatz in sich. Näheres dazu wird in Kapitel 2.2 beschrieben.

Mitglieder der Schulgemeinschaft sind auch weitere Personen(-gruppen) wie das Kollegium oder die Eltern. Meine Arbeit als Schulseelsorgerin wurde durch das Abfragen der Bedürfnisse dieser Personengruppen sehr erleichtert. Dadurch konnte ich Angebote entwerfen, welche den Bedarfen der Schulgemeinschaft entsprachen und somit auch angenommen wurden. Grundsätzlich ist es natürlich auch wichtig, die Erwachsenen an der Schule wissen zu lassen, dass mit mir als Schulseelsorgerin und gleichzeitig als Lehrerin an der Schule auch immer eine Ansprechpartnerin vor Ort gibt. In diesem besonderen Falle dann als Schulseelsorgerin – und nicht als Kollegin oder Lehrerin des Kindes.

Krisenintervention

Spenn (2011) betont in seinem Artikel, dass auch die Krisenintervention eine wichtige Aufgabe der Schulseelsorge sei (S. 10). Er integriert diese nicht unter den Aufgaben »Gestaltung als Lebensraum« oder dem »Geistlicher Angebote«, sondern gibt ihr somit noch mal eine gewichtige Bedeutung.

Bevor ich gleich näher auf die Schulseelsorge bei Krisen eingehe, möchte ich erst einmal klären, was ich in diesem Zusammenhang darunter verstehe. Grundsätzlich kann zwischen verschiedenen Krisen unterschieden werden. Eine Krise kann als gefährlicher, aber befristeter Zeitraum bezeichnet werden, welcher einen Höhe- sowie Wendepunkt hat und in dem eine Entwicklung stattfindet. Der Mensch in der Krise ist akut überfordert und seine gewohnten Verhaltens- und Bewältigungsstrategien funktionieren nicht mehr. Ausschlaggebend für eine Krise können innere oder äußere Einflüsse sein. Daraus resultierend kann es zu einer kurz oder länger andauernden und starken Belastung kommen (vgl. Lob 2021, S. 1).

Deshalb ist es auch wichtig, zeitnah zu agieren, um die Folgen einer Krise gut auffangen zu können (vgl. Müller-Cyran 2010, S. 2).

Im Hinblick auf das Wort Krise, das ja sehr oft auch umgangssprachlich in anderen als den oben genannten Kontexten verwendet wird, kann auch innerhalb der Seelsorgearbeit nochmals unterschieden werden. Der langjährige Schulpfarrer und Schulseelsorger Ernst Wittmann (2019) hat im Rahmen seiner Erfahrung für sich einen Unterschied zwischen schulseelsorgerlichem Handeln in einer individuell empfundenen Krisensituation und Krisenintervention in Notfällen herausgearbeitet. Um ein Seelsorgegespräch in einer Krisensituation handelt es sich zum Beispiel bei schulischen Schwierigkeiten, Trennung der

Eltern, Krankheit in der Familie oder einem Streit mit Freunden (2019). Davon abzugrenzen sind Notfälle, in denen der Schulseelsorgende eine größere Anzahl von Menschen der Schulgemeinschaft im Blick haben und für sie sorgen muss. Sie haben andere akute Bedürfnisse als ein Mensch, der nicht gerade erst mit der Krise konfrontiert wurde (S. 1).

Der Schulseelsorgende sollte im Idealfall Mitglied des schulinternen Krisenteams sein. Denn in Krisensituationen, in denen Menschen an einer Schule mit dem Tod konfrontiert werden, wird sich oft zuerst an eine Person gewendet, die »etwas mit Religion zu tun hat«. Also an die Religions- oder auch Ethiklehrer, und wenn ein Schulseelsorger an der Schule arbeitet, dann an diesen. Von daher ist es einerseits eine oft von außen an die Schulseelsorge herangetragene Aufgabe, andererseits aber auch die Stärke der Schulseelsorge. Sie hat im Falle einer Krise ein festes Fundament, eine Hoffnung, die auch über den Tod hinausreicht. An der Grundschule unterscheidet sich das Agieren in Krisen tatsächlich wenig von demjenigen an weiterführenden Schulen. Sehr oft werden nonverbale Formen verwendet, um die von der Krise betroffenen, teilweise auch traumatisierten Menschen zum Handeln oder auch zum Reden zu bringen. Nähere Beschreibungen des Handelns von Schulseelsorgenden in Krisensituationen mache ich in Kapitel 4.4. An dieser Stelle reicht es, festzuhalten, dass Krisenintervention ein wichtiger Bestandteil von Schulseelsorge an Grundschulen ist und sich nur wenig von der Schulseelsorge an weiterführenden Schulen unterscheidet.

Unterrichtsbezogene und außerunterrichtliche Bildung sowie Religionsunterricht

Als weitere Aufgabe der Schulseelsorge nennt Spenn (2011) die unterrichtsbezogene und außerunterrichtliche Bildung. Sie lässt sich aus meiner Erfahrung heraus eher den weiterführenden Schulen zuordnen. In Grundschulen gibt es noch keine Tage religiöser Orientierung oder ähnliche themenbezogene Schülerausflüge. Unterrichtsbezogene Bildung, welche auch seelsorgerliche Bereiche berührt, vollzieht sich oft im Religionsunterricht. Die dort besprochenen Themen können auch seelsorgerliche Dimensionen entwickeln oder sogar von vornherein enthalten, so wie beispielsweise die Themen »Tod« und »Trauer«. Außerunterrichtliche Bildung kann hier erfolgen, indem die Klasse gemeinsam einen Friedhof besucht.

Viele Unterrichtsgespräche mit den Grundschulkindern, beispielsweise über die eigene Identität, das Gottesbild oder den Umgang mit Gefühlen, haben seelsorgerlichen Charakter. Auch wenn sich diese Unterrichtsgespräche mit der Lerngruppe natürlich vom seelsorgerlichen Beratungsgespräch unterscheiden, sind sie dennoch wichtig und können auch ein Türöffner für ein anschließendes persönliches Gespräch sein. Leider fühlen sich viele Religionslehrkräfte bei diesen seelsorgerlichen Themen nicht kompetent genug, solche Gespräche zu führen und bei den Schülern eventuell hochkommende Gefühle aufzufangen bzw. mit ihnen im Beratungsgespräch zu arbeiten. Damit die Hemmschwelle gerade für solche seelsorgerlichen Bereiche der Religionspädagogik gesenkt wird, müssten vermehrt entsprechende Fortbildungsangebote geschaffen werden. Darüber hinaus gilt es, im Rahmen von Fortbildungsangeboten, auch den Umgang mit aufkommenden Erinnerungen, Triggern oder Gefühlen bei bestimmten anderen sensiblen Themen im Religionsunterricht im Blick zu behalten. Zusätzlich könnten Religionslehrkräfte ganz praktische Begleitung in Form von Supervisionsangeboten erfahren.

Rückschlüsse auf die Schulseelsorge an Grundschulen

Die Frage danach, ob die Schulseelsorge an Grundschulen im Vergleich zur Schulseelsorge an weiterführenden Schulen einen Sonderfall darstellt, kann abschließend nur mit einem unklaren »Jein« beantwortet werden. Einerseits ist sie durch die geringe Anzahl an Schulseelsorgenden, die an Grundschulen arbeiten, klar mit »Ja« zu beantworten. Des Weiteren konnte gezeigt werden, dass durch eine ergänzende Definition das Kind stark in den Fokus genommen wird und Seelsorge von ihm ausgehend gedacht wird. Dennoch wurden auch im weiteren Verlauf des Kapitels viele Bereiche der Schulseelsorgearbeit gefunden, die sich kaum merklich von der Schulseelsorge an weiterführenden Schulen unterscheiden.

Auf der Suche nach einer Definition von Schulseelsorge an Grundschulen habe ich nicht nur die Aufgabenbereiche der Schulseelsorge betrachtet. Mein Blick fiel auch auf mich in meiner Doppelfunktion als Schulseelsorgerin im Ehrenamt auf der einen Seite und (Religions-)Lehrerin an einer Grundschule auf der anderen Seite. Als Lehrerin bin ich im System Schule gut verankert und vernetzt. Ich bekomme von der Schule – zumindest in meinem Bundesland – Stunden aus dem Stundenbudget zur Verfügung gestellt. Als Schulseelsorgerin wurde ich jedoch von der Kirche ausgebildet und werde von dieser zum einen in materieller Hinsicht unterstützt – durch ein Budget, das ich als Schulseelsorgerin verwalten kann – und zum anderen aber auch auf der von mir benannten »spirituellen und seelischen Ebene« gestärkt und getragen. Ich kann innerhalb der Kirche mit anderen Schulseelsorgenden interagieren und mich austauschen. Für mich besteht die Möglichkeit, von Seiten der Kirche an vielen Fortbildungen teilzunehmen und mich so stetig weiterzuentwickeln. Beide Seiten, beide Systeme, in denen ich mit je einem Bein sicher stehe, sind wichtig für mich. Ich möchte keines von beiden missen. Deswegen sind sie für mich auch ein wichtiger Bestandteil der Definition. Zusammen mit dem mir wichtigen Bezug zum Kind als Gegenstand der Schulseelsorge komme ich zu folgender Definition:

> Schulseelsorge an Grundschulen ist ein von der Kirche getragenes Angebot, welches im System Schule verankert ist. Dort werden vom Kind ausgehend Angebote für alle Schüler*innen, aber auch Lehrer*innen und Eltern geschaffen, die den jeweiligen Bedürfnissen im Lebensraum Schule entsprechen.

Welche speziellen Bedürfnisse dies im Einzelnen sind, wird im nächsten Kapitel näher erläutert.

2.2 Was braucht die kindliche Seele – generell und in Zeiten der Coronapandemie?

Nachdem ich das System Schule unter dem Aspekt der Schulseelsorge betrachtet habe, nehme ich nun die Kinder in den Fokus, welche ich mit meinem Angebot ansprechen möchte. Wenn ich vom Kind ausgehen möchte, ist es unerlässlich, zunächst danach zu sehen, was es braucht. Dazu werde ich zunächst auf Erkenntnisse der Entwicklungspsychologie eingehen. Die Kindheit ist allerdings kein zeitloses Konstrukt. Anpassungsfähigkeit ist eine wichtige Ressource und immer wieder nötig, denn unsere Gesellschaft und deren Anforderungen an Kinder verändern sich permanent. Dazu betrachte ich aktuelle Studien über die psychische Gesundheit von Kindern und Jugendlichen. Diese zeigen mir letztendlich auch, wie es um die seelische Gesundheit der Kinder steht. Da ich in diesem Buch Wert auf Aktualität lege, muss ich, mit Blick auf den Zeitpunkt seines Entstehens, dabei natürlich auch auf die Folgen der Coronapandemie eingehen.

Erkenntnisse aus der Entwicklungspsychologie

Um der Frage nach den Bedürfnissen des Kindes auf den Grund zu gehen, betrachte ich also zunächst einmal die Aussagen der Entwicklungspsychologie zur Entwicklung der kindlichen Seele, die sich in der Zeit der Grundschuljahre der Kinder vollzieht. Seit der Veröffentlichung der Arbeit von Jean Piaget (1990) ist bekannt, dass die Entwicklung des Kindes in verschiedenen Stufen verläuft. Obgleich viele Ergebnisse seiner damaligen Forschung angepasst werden mussten, möchte ich mich den Aussagen von Gerhard Büttner und Veit-Jakobus Dieterich (2016) in ihrem Werk »Entwicklungspsychologie in der Religionspädagogik« anschließen. Diese orientieren sich grundsätzlich am Altersschema sowie der Entwicklung einzelner Wissensbereiche Piagets (S. 15). Sie nehmen sie als Ausgangspunkt weiterer Überlegungen. Dabei ist zu beachten, dass die Übergänge zwischen den einzelnen Entwicklungsetappen fließend sind. Für den Bereich der Grundschule sind zwei Altersstufen in der Zeit zwischen zwei und sieben sowie sieben und zwölf Jahren relevant.

Im Alter zwischen zwei und sieben Jahren ist eine egozentrische Weltsicht typisch. Das Kind sieht die Welt fast ausschließlich von seinem eigenen Standpunkt aus und kann daher die Ansichten und Denkweisen anderer nur schwer nachvollziehen (S. 15).

Im Alter von etwa sieben Jahren – dem Alter des Schuleintritts – befindet sich das Kind gerade in der Übergangsphase zwischen der eben beschriebenen und der nächsten Phase. Das angehende Schulkind erlebt einen Umbruch. Es lernt in der Schule lesen und schreiben. Somit kann es die Welt des Erwachsenen betreten und an ihr teilhaben (vgl. Delfos 2015, S. 71). Im Zusammenhang damit werden Kinder etwa auch sensibel für Wertschätzung und Ablehnung (Erikson, zit. nach Delfos 2015, S. 73). Sie entwickeln Schamgefühl (S. 73). Mit dem Schuleintritt und damit auch der beginnenden Bewertung ihrer Leistungen, ist dies eine sehr sensible Phase, die es gut aufzufangen gilt. Wenn Kinder also sensibel für Ablehnung und Wertschätzung werden, gilt es, die kindliche Seele mit viel Wertschätzung zu füttern. Außerdem wird es wichtig , das Selbstwertgefühl des Kindes zu stärken. Um dieses zu erlangen, muss es die eigenen Stärken kennenlernen. Dem Kind müssen Möglichkeiten geboten werden, sich selbst als wirksam zu erleben.

Im Alter von sieben bis zwölf Jahren entwickelt das Kind die Fähigkeit zur »Dezentrierung« (Büttner/Dieterich 2016, S. 15). Dies ist Folge der zunehmenden Integration des Gehirns, die dafür sorgt, dass das Kind ein umfangreicheres Verständnis bekommt (vgl. Delfos 2015, S. 71). Es kann Objekte und Ereignisse miteinander verknüpfen und auch den Standpunkt eines anderen Menschen mitdenken. Dabei bleibt das Denken aber konkret und auf Objekte bezogen, die Fähigkeit der Abstraktion ist noch nicht ausgebildet (vgl. Büttner/Dieterich 2016, S. 15).

Martine Delfos (2015) unterscheidet innerhalb dieser Altersspanne noch einmal die psychosoziale Entwicklung zwischen sechs und acht Jahren (S. 70), acht und zehn Jahren (S. 74) sowie zwischen zehn und zwölf Jahren (S. 79). In der Spanne zwischen acht und zehn Jahren – dem Alter, in dem meiner Erfahrung nach die meisten Kinder die Schulseelsorge für sich in Anspruch nehmen – bekommt die Schulkarriere für die Kinder eine große Bedeutung. Im Zuge dessen vergleichen die Schüler sich selbst und andere mit Gleichaltrigen (S. 74).

Hierbei besteht die Gefahr, dass die Kinder die Angst entwickeln, zu versagen oder sich minderwertig fühlen.

Damit die Kinder diesen Entwicklungsprozess erfolgreich bewältigen können, ist es wichtig, zu wissen, welche Faktoren ein Gelingen bedingen. Die amerikanischen Psychologen Richard M. Lerner und Jacqueline V. Lerner (2013) arbeiteten in ihren Forschungen fünf Komponenten positiver Entwicklung von Kindern und Jugendlichen heraus:

- Competence (Kompetenz) – Förderung der Kompetenz, auch akademischer und sozialer Fähigkeiten
- Confidence (Selbstbewusstsein) – Förderung der Erhöhung von Selbstvertrauen und Selbstwert
- Connection (Bindung) – Stärkung positiver Beziehungen zwischen Kindern und Jugendlichen und anderen Menschen sowie Institutionen wie Schulen
- Character (Moral) – Förderung des Respektierens gesellschaftlicher und kultureller Normen, Sinn für richtig und falsch
- Caring (Fürsorge) – Stärkung der Empathie und Sympathie anderen gegenüber (S. 10)

Wird die Entwicklung in diesen fünf Bereichen gefördert, kann ein Risiko für persönliche und soziale sowie Verhaltensprobleme erheblich reduziert werden. Sie sind außerdem wichtige Faktoren für die physische Gesundheit von Kindern.

Kinder wachsen allerdings in einer Gesellschaft auf, die in den Grundfragen nach den Lernerfahrungen und Kompetenzen verunsichert ist, welche wiederum aber – wie eben dargestellt – für eine erfolgreiche Bewältigung ihres Lebens notwendig ist (Aichinger 2011, S. 3). Im Schulalter verbringen die Kinder einen Großteil ihrer Lebenszeit in ihrer eigenen Familie, aber auch zunehmend in der Schule. Einigen Schülerinnen ist es dabei nicht möglich, in der Familie als geschütztem Rahmen die Förderung zu erhalten, die nötig wäre. Deswegen gibt es unter anderem auch den Erziehungsauftrag der Schule, welche nicht nur für die Förderung kognitiver Kompetenz zuständig ist, sondern so viel mehr sein kann. Eine wichtige Aufgabe der Seelsorge an Schulen sehe ich in der Förderung des Selbstbewusstseins. Dieser Aspekt wird zu oft ausgeklammert, wenn sich die Bemühungen um Anhäufung von Wissen und aktiver Teilhabe an Gesellschaft drehen. Für mich bildet allerdings nicht dieses Wissen, sondern ein gesundes Selbstbewusstsein die Basis für die positive Bewältigung der Herausforderungen des Schulalltags und auch des Lebens außerhalb der Schule. Schulseelsorge kann hier die Kinder noch einmal anders in den Blick nehmen und Möglichkeiten schaffen, diesem Bedürfnis zu begegnen. Darüber hinaus empfiehlt es sich, für jeden Schulseelsorgenden an einer Grundschule individuell zu sehen, welche der oben genannten Komponenten bei den Schülern an seiner Schule mehr Förderung erfahren sollte.

Studien zum Thema psychische Gesundheit von Kindern

Zur Veranschaulichung dessen, wie es den Kindern aktuell in Deutschland geht, stieß ich zunächst auf die »KiGGS – Studie zur Gesundheit von Kindern und Jugendlichen in Deutschland«. Diese wurde von 2003 bis 2006 sowie von 2014 bis 2017 durchgeführt (vgl. Baumgarten/Göbel/Lampert/Hölling/Klipker 2018). Sie bildet eine wichtige Basis für die im Folgenden vorgestellte COPSY-Studie.

Im Jahr 2023 ist nach der Coronapandemie langsam wieder etwas Normalität in den Alltag der Kinder zurückgekehrt. Neben Auswirkungen auf Erwachsene, hatte diese Pandemie auch eklatante Folgen für die psychische Gesundheit von Kindern und Jugendlichen. In nicht repräsentativen Studien anderer Länder konnte eine signifikante Zunahme von psychischen Problemen festgestellt werden (vgl. Beyer/De Bock/Hölling/Mauz/Neuperdt/Ravens-Sieberer/Schlack/Wachtler 2020, S. 25). Deshalb wurde 2020 auch in Deutschland eine bundesweite und repräsentative Studie namens »COPSY – Corona und Psyche« in Auftrag gegeben. Darin wird untersucht, welche Auswirkungen die Coronapandemie auf die psychische Gesundheit von Kindern und Jugendlichen hat. Es wird danach gefragt, wie die gesundheitsbedingte Lebensqualität und wie die psychische Gesundheit aus Sicht der Betroffenen selbst wahrgenommen wird (vgl. Beyer et al. 2020, S. 23). Bei COPSY handelt es sich um eine Längsschnittstudie[3], welche über einen längeren Zeitabschnitt mehrfach durchgeführt wurde. Aus den gesammelten Daten wurden Gemeinsamkeiten und Unterschiede herausgearbeitet und dargestellt. Es gibt drei Erhebungen, welche auch »drei Wellen« genannt werden. Die erste Welle fand von Mai bis Juni 2020 statt, die zweite Welle von Dezember 2020 bis Januar 2021 und die dritte Welle von September bis Oktober 2021.

Dabei wurden die Eltern von sieben bis 17 Jahre alten Kindern mithilfe eines Online-Fragebogens und zusätzlich durch Wissenschaftler und Wissenschaftlerinnen befragt.[4] Es ging um die »gesundheitsbezogene Lebensqualität«, »psychische Auffälligkeiten«, »generalisierte Ängstlichkeit« » depressive Symptome« und »psychsomatische Beschwerden«[5].

---

3 https://home.uni-leipzig.de/methodenportal/laengsschnittstudien/ (Zugriff am 14.04.23).

4 Sämtliche Informationen über: https://www.uke.de/kliniken-institute/kliniken/kinder-und-jugendpsychiatrie-psychotherapie-und-psychosomatik/forschung/arbeitsgruppen/child-public-health/forschung/copsy-studie.html (Zugriff am 14.04.23).

5 https://www.aerzteblatt.de/archiv/224865/Seelische-Gesundheit-und-Gesundheitsverhalten-von-Kindern-und-Eltern-waehrend-der-COVID-19-Pandemie (Zugriff am 14.04.23).

Ich möchte hier gern die Ergebnisse der dritten Welle darstellen, da sie die zum Zeitpunkt des Schreibens dieses Buches aktuellen Daten enthalten. Dabei beziehe ich mich auf eine Pressemeldung des UKE Hamburg[6] vom 9.2.22, welches die Studie durchgeführt hat. Im Vergleich der statistisch erhobenen Daten bezüglich der oben genannten Faktoren von Lerner und Lerner (2013) vor der Pandemie fällt der erhöhte Wert der psychischen Erkrankungen immer noch auf. In der Pressemeldung wird weiter deutlich, dass dies nicht bedeuten muss, dass alle belasteten Kinder eine Angststörung oder Depression bekommen. Eine sehr wichtige Ressource bildet ein stabiles familiäres Umfeld. Kinder aus sozial benachteiligten Familien haben dies oft nicht und sind deshalb eher in der Gefahr, eine solche psychische Auffälligkeit zu erleiden.

Durch das Ende der pandemiebedingten Einschränkungen, die für Kinder vor allem das soziale Umfeld und den Freizeitbereich betrafen, konnte auch die empfundene Lebensqualität gegenüber den Erhebungen in der ersten und zweiten Welle der Befragung wieder gesteigert werden. Dennoch ist das Niveau von vor der Pandemie noch nicht wieder ganz erreicht: Es fühlt sich immer noch mehr als ein Drittel der Kinder und Jugendlichen eingeschränkter als vor der Pandemie. Insgesamt betrachtet kann ein alarmierend hoher Wert von 80 % der befragten Kinder und Jugendlichen angegeben werden, welche die Pandemie als belastend erleben. Das kann auch damit belegt werden, dass sogenannte »psychosomatische Stresssymptome« viel häufiger auftreten als vor der Pandemie. Stresssymptome äußern sich zum Beispiel dadurch, dass Kinder schneller gereizt oder niedergeschlagen sind oder schlechter einschlafen können.

Betrachtet man die Systeme Schule und Familie, kann hier innerhalb der Pandemielage eine positive Entwicklung festgehalten werden. Aus den Befragungen wird ersichtlich, dass Kinder in der dritten Welle weniger Streit in ihren Familien und mit Freunden hatten und auch in der Schule weniger Probleme aufweisen. Auch hier zeigt der Vergleich mit vorpandemischen Daten allerdings wieder, dass die Belastungen in Familien höher empfunden wurden und das schulische Lernen im Vergleich als anstrengender. Auch etwa 80 % der Eltern gaben an, dass sie sich zum Zeitpunkt der Befragung immer noch belastet fühlen.

Die Ergebnisse der COPSY-Studie zeigen deutlich, dass sich durch COVID-19 wie durch ein Brennglas das psychische Wohlbefinden vieler Kinder negativ verändert oder verschärft hat. Die meisten der oben genannten Komponenten positiver Entwicklung konnten keinen Raum in der Lebenswelt der Kinder finden, weil deren Familien mit viel existentielleren Problemen zu kämpfen hatten. Gerade auch die Bindung von Eltern und Kindern wurde durch die Einengung

6 Siehe Link Fußnote 8.

des Lebensraumes stark in Anspruch genommen. Die eigene Wohnung wurde zu dem Ort, an dem alles auf einmal stattfinden musste: Freizeitaktivitäten (wenn möglich), Schule, Kindertagesstätte etc. Das führte auch dazu, dass viele Eltern noch weitere Rollen zugeschrieben bekamen, welche sonst von anderen Menschen ausgefüllt wurden. Oder diese Rollen einfach nicht einnehmen konnten, sodass Kindern mit niedrigem sozioökonomischen Status teilweise wichtige Stabilsierungs- und Bindungsfaktoren wegbrachen. In den Auswertungen der Studien wurde immer wieder betont, wie wichtig ein stabiles häusliches Umfeld ist, das belastbar ist. Doch auch mit den stabilsten Familien hat diese Pandemie etwas gemacht. Unter den angegebenen 80 % der Kinder und Jugendlichen, die sich als belastet empfinden, sowie auch deren Eltern, ist die ganze Bandbreite der Gesellschaft abgebildet.

Rückschlüsse auf die Schulseelsorge an Grundschulen

Welche Rückschlüsse kann ich nun daraus für die Schulseelsorge ziehen? Zunächst einmal durfte ich hier wieder einmal entdecken, wie wertvoll und elementar der Aspekt der Vernetzung für meine schulseelsorgerliche Arbeit ist. Fast augenblicklich nachdem wir im März 2020 plötzlich in den Lockdown geschickt wurden, konnte ich auf der Ebene der Schulseelsorge eine Reaktion erleben. Im Internet wurden Handlungsmöglichkeiten für uns Schulseelsorgende zusammengetragen, die wir beständig auf einer Art Pinnwand im Internet einsehen, aber auch ergänzen konnten. Ich wurde nicht allein gelassen und konnte selbstwirksam werden und reagieren. Das Wichtigste war in dieser Zeit, die Kinder nicht allein zu lassen und wissen zu lassen, dass sie in uns Schulseelsorgenden eine Ansprechmöglichkeit hatten. Dabei war allerdings ein Hindernis, dass die Kommunikation durch das Homeschooling nur online stattfinden konnte. Für mich stellte sich heraus, dass ich gerade die unteren Klassen online nicht erreichen konnte. Die Kinder waren der Schriftsprache noch nicht fähig und sich vor eine Videokamera zu setzen, trauten sich auch nur die ganz mutigen Kinder. In dieser Zeit bot ich dann also meinen Kollegen meine Unterstützung an, gemeinsam eine Lösung zu finden, wenn diese merkten, dass es einem Kind nicht gut ging. Für die dritten und vierten Klassen bot ich im weiteren Verlauf die Möglichkeit eines Videogespräches oder Chats mit mir an. Auch diese beiden Varianten fanden keinen großen Anklang. Ich realisierte, dass das persönliche Gespräch bzw. die persönliche Begegnung das wichtigste Kommunikationsmittel blieb. Vielleicht wäre das anders gewesen, wenn ich vorher mit den älteren Schülern diese Art der Kommunikation einmal hätte erproben können.

Als die Kinder nach dem Homeschooling langsam in die Klassen zurückkehrten, wurde deutlich, wie sehr sie die Struktur und Rituale eines Schultages als wichtige Stütze benötigten. Dies gab ihnen die Stabilität und den Tagesrhythmus, den sie zuhause in dieser belastenden Zeit oft nicht haben konnten. Für mich war es dementsprechend wichtig, meinen Kolleginnen zu verdeutlichen, wie wichtig diese Ressource für die Kinder war. Zunächst merkte ich, wie sehr sie die sichere Umgebung ihrer eigenen Klassen brauchten. Als sie dort wieder einigermaßen angedockt waren, machte ich erneut mein Angebot der Beratung bekannt – durch Flyer, welche ich persönlich in der Klasse verteilte. Gesicht zeigen ist sehr wichtig, da die Kinder ja genug mit Worten und Bildern konfrontiert sind. Langsam nahmen sie mein Angebot an wieder an.

Auch circa drei Jahre nach dem Beginn der Pandemie ist es mir wichtig, immer im Blick zu behalten, wie wichtig dieser stabilisierende Faktor der Schule und ihrer strukturgebenden Funktion für die Kinder ist. Deshalb habe ich die Ergebnisse dieser Studie einem meinem Schulleiter und anschließend meinem Kollegium in einer Konferenz vorgestellt. Ich selbst habe dazu vorher eine Tagung besucht. Für das Kollegium ist es oft wichtig, das Ganze anhand wissenschaftlich fundierter Daten verständlich aufbereitet und gut in den ohnehin schon mit Anforderungen gespickten Schulalltag integrierbar zu gestalten. Im Prinzip konnten die anderen Lehrkräfte anhand der Resultate dieser Studie erkennen: Ja, die Kinder sind weiterhin belastet. Ich als Lehrer bzw. Lehrerin kann ihnen Stabilität und Sicherheit durch mein Dasein und die Struktur bieten, die ich ihrem Unterrichtsalltag gebe.

Wie ich unter der Überschrift »Erkenntnisse aus der Coronapandemie« festgehalten habe, gibt es bezüglich der Schulseelsorge den wichtigen Aspekt des Selbstbewusstseins verbunden mit der Selbstwirksamkeit. Diese hat in Zeiten der Pandemie sehr gelitten. Die Kinder waren ihrer Sport- und Freizeitmöglichkeiten beraubt. Das war vor allem für die Kinder großer Verlust und Belastung zugleich, welche durch ihre schulischen Leistungen keine Selbstwirksamkeit erleben konnten. Es gilt, die betroffenen Schüler besonders im Blick zu behalten. Dazu könnten einerseits Angebote gestaltet werden, die Schule als Lebensraum bieten kann, sei es in Form von AGs (Arbeitsgemeinschaften) oder Angeboten durch Sozialpädagogen. Andererseits sind es weiterhin die unterrichtenden (Klassen-)Lehrerinnen, die die Kinder am besten im Blick haben und die Schulseelsorgenden, in denen die Kinder immer jemanden zum Ansprechen haben. Andererseits kann ich als Schulseelsorgerin auch auf Schülerinnen zugehen, von denen ich weiß, dass sie ein Gespräch brauchen könnten und ihnen gezielt diese Möglichkeit anbieten.

Auch in Zukunft kann es gut sein, dass Schulseelsorgende einer so globalen Krise wie einer Pandemie begegnen werden. Zuerst einmal ist es für mich dabei wichtig, ein tragfähiges Netzwerk um mich herum zu haben. Zum einen innerhalb meines eigenen Kollegiums, aber auch innerhalb meiner Landeskirche. Gerade letzteres gibt mir oft die Möglichkeit, nochmals einen Schritt zurückzutreten und meinen eigenen Wirkungskreis klarer umrissen zu sehen. Eine Einschätzung dafür zu haben, was im Bereich meiner Möglichkeiten liegt und was nicht. Denn auch das ist wichtig. Ich kann nicht alle Kinder im Blick haben und »retten«. Das würde mich überfordern und ist auch nicht meine Aufgabe. Aber dabei nicht ohnmächtig stehen zu bleiben, sondern im besten Falle gemeinsam zu überlegen: Wo kann Schulseelsorge im System meiner eigenen Schule unterstützen, entlasten, die Perspektive erweitern? Wen kann Schulseelsorge im Blick haben, wer ist gerade nicht im Fokus derjenigen, die bei dieser Pandemie das Ganze beobachten müssen? Welche Angebote kann ich machen? Was kann ich gut an wen im Kollegium delegieren?

2.3 Was kann Schulseelsorge der kindlichen Seele bieten …

Jeder Jahrgang, der eingeschult wird, ist den immer gleichen Herausforderungen ausgesetzt: vom Neubeginn, über die ersten Noten und Zeugnisse bis hin zum Abschied. Diese Übergänge gilt es gut zu begleiten. Entsprechende Angebote werden im folgenden Kapitel erläutert. Bevor ich gleich auf die Möglichkeiten der Schulseelsorge eingehe, dem Kind in seinem jeweiligen Entwicklungsstand oder seiner jeweiligen Lebenssituation entsprechend zu begegnen, möchte ich noch etwas klarstellen. In der Schule und Schulseelsorge kann niemals all das aufgefangen werden, was ein Kind braucht, das in der Wahrnehmung seiner Bedürfnisse einen Mangel erlebt. Das übersteigt das Vermögen eines Menschen. Aber es kann einen wichtigen Teil dazu beitragen, dass sich das Kind erst einmal gesehen und wahrgenommen fühlt. Der Schulseelsorgende kann eine wichtige Bindungsperson des Kindes werden und es so weit begleiten, wie es in seiner Macht steht.

… beim Schuleintritt?

Etwa zum Alter des Schuleintritts hin wird das Kind sensibel für wertschätzende, aber auch ablehnende Worte (Delfos, 2015, S. 73). Es deutet das, was andere Erwachsene oder auch Kinder sagen, noch einmal in Bezug auf sich selbst um. In diesem Zeitraum ist es also sehr sensibel, zumal in der Phase des Schuleintritts alte Sicherheiten wegfallen und neue gefunden werden müssen. Von Richard M. Lerner und Jacqueline V. Lerner (2013) wissen wir, dass Bindung ein wichtiger Faktor einer gesunden Psyche des Kindes ist (siehe Abschnitt 2.2). In der Schuleingangsphase ist es also wichtig, für die Kinder eine Bindungsperson in der Schule zu haben, von der sie wertschätzende Worte hören und die sensibel für diese Phase des Übergangs ist. Oftmals ist dies für die Kinder eine sehr emotionale Zeit, die sowohl zuhause als auch in der Schule gut aufgefangen werden muss. Ich sehe es in dieser Zeit als Aufgabe der Schulseelsorgerin an, ein offenes Ohr für die Lehrkräfte der neuen ersten Klassen zu haben und dies auch entsprechend zu kommunizieren. Die unmittelbare Begegnung mit Kindern im Beratungsgespräch ist meiner Meinung nach am besten, wenn der Schulseelsorger das Kind selbst unterrichtet, es also gut kennt. In diesem Fall wurde auch schon eine Beziehung hergestellt, auf die im Gespräch gut aufgebaut werden kann. Dass Grundschulkinder im Alter von sieben bis zwölf Jahren die Fähigkeit erlangen, einen anderen Standpunkt mitzudenken, erleichtert auch die Gespräche mit ihnen. Dennoch ist zu beachten, dass in der Kommunikation mit jüngeren Kindern von etwa sieben bis acht Jahren eher nonverbale Formen des Gesprächs anzuwenden sind, welche in Kapitel 5 detaillierter erläutert werden.

... bei den ersten Noten?

Ein weiterer Einschnitt im Grundschulleben des Kindes ist der Zeitpunkt, zu dem es Noten bekommt. Auch entwicklungspsychologisch ist, wie wir nun wissen, zwischen acht und zehn Jahren der Moment gekommen, in welchem Kinder anfangen, sich mit anderen zu vergleichen. Noten sind dabei ein wichtiger Messwert. Die Gefahr besteht darin, dass die Kinder nun Angst davor entwickeln, zu versagen. Dass sie durch schlechte Noten und vielleicht auch noch entsprechende Rückmeldungen von Klassenkameraden, Lehrerinnen oder Eltern Minderwertigkeitskomplexe entwickeln und sich selbst darüber definieren: »Ich habe schlechte Noten, ich bin ein schlechter Schüler, also bin ich auch ein schlechter Mensch. Ich kann nichts.« Dem kann an den verschiedensten Schnittstellen des Lebens entgegengewirkt werden. In der Schule allerdings wird durch das Notensystem automatisch eine Vergleichsmöglichkeit geschaffen und natürlich erfolgt dadurch die Frage, wer denn nun welche Note habe. Selbst wenn der Lehrer sagt, dass Noten den Wert eines Menschen nicht definieren – und leider sagt er das nicht oft (genug). Genau dies geht dann an dem Kind vorbei, das sich aufgrund seiner schlechten Noten mit anderen vergleicht und unterlegen fühlt. Die Worte des Lehrers scheinen weit weg, da dieser ja nicht in der Rolle des Kindes steckt. Lehrkräfte an Grundschulen sollten sensibel für ihre Klassen sein und merken, wenn ein Kind traurig wirkt und vielleicht weint, in sich gekehrt und ruhig ist, wenn es Arbeiten zurückbekommt. Ist ein solcher Fall aufgetreten, habe ich meinen Kollegen gesagt, dass sie den Kindern das Angebot machen können, mit mir darüber zu sprechen und auf mich zuzukommen. Bei schüchternen Kindern bin ich nach Information meinerseits durch die Kolleginnen auf die betroffenen Kinder zugegangen und habe ihnen meine Unterstützung angeboten. Wichtig ist hierbei zu betonen, dass es sich um ein Angebot handelt, denn Seelsorge beruht immer auf Freiwilligkeit. Zu Beginn des Kapitels stellte ich die Frage, was Schulseelsorge der kindlichen Seele anbieten kann. Der Unterschied zwischen dem Beratungsangebot, beispielsweise dem eines Schulsozialarbeiters, ist, dass ich als Schulseelsorgerin immer vom Hintergrund eines christlichen Menschenbildes aus mit den Kindern spreche. Einem Menschenbild, bei welchem ich mich als Mensch bedingungslos von Gott geliebt und mich in allen meinen Sorgen und Sehnsüchten ernst genommen weiß. Einen Ort weiß, wo ich diese auch abladen kann. Des Weiteren stehe ich als Schulseelsorgerin auch unter dem Seelsorgegeheimnis und dies verbietet es mir, über den Gesprächsinhalt des Beratungsgespräches mit anderen Lehrkräften oder auch den Eltern des Kindes zu sprechen. Ich bin selbst meiner Schulleitung keine Rechenschaft darüber schuldig.

… bei Redebedarf?

In unserer kleinen Grundschule habe ich fast alle Klassen im Fachunterricht. Somit kennen mich die Schülerinnen und wissen, an wen sie sich wenden können. Dennoch habe ich gemerkt, dass das Angebot der Schulseelsorge schnell in Vergessenheit gerät. Ich habe zum Bekanntmachen des Beratungsangebotes eine Doppelstunde mit Hilfe des Buches »Der Seelenvogel« von Michal Snuit (1995) erarbeitet. Diese habe ich zu Beginn meiner Arbeit in allen Klassen der Schule innerhalb des Religions- bzw. Ethikunterrichts vorgestellt. Natürlich habe ich das vorher mit der Schulleitung abgesprochen. Näheres zu dieser Stunde findet sich in Abschnitt 4.1. Nach dieser Stunde war zu beobachten, dass viele Kinder das Angebot in Anspruch nahmen. Allerdings erwies es sich als wichtig, weiter regelmäßig daran zu erinnern. Dazu bin ich in den Frühstückspausen, in welchen bei uns alle Kinder in ihren Klassen sind, durch die Räume gelaufen und habe kleine Flyer ausgeteilt. Ich habe eine feste Sprechstunde, zu welcher ich mich in einem bestimmten Raum befinde. Diesen kennen die Kinder und wissen, wo sie mich antreffen können. Zusätzlich habe ich in allen Klassen einen Aushang mit eben jenen Informationen aufgehängt.

Um auch die Kinder zu erreichen, die ihre Gefühle nicht so offensichtlich vor sich hertragen und deren Prozesse oft innerlich ablaufen, habe ich niederschwellige Angebote gesucht. Vor der Coronapandemie kam ich auf die Idee, ein Frühstückspicknick in einem eigenen kleinen Raum auf dem Boden zu veranstalten. Je nach Jahrgangsstufe lud ich die Kinder ein, einfach vorbeizukommen. Wer etwas auf dem Herzen hatte, worüber er oder sie mit mir reden wollte, konnte anschließend einfach bleiben. So konnte das Kind »loswerden«, was es wollte, und ich konnte mit ihm arbeiten. Dadurch erreichte ich gerade auch viele Jungen. Ich merkte, dass das gemeinsame Essen für sie ein guter Zugang war. Hierbei lohnt es sich, sich kreative Ideen einfallen zu lassen. Vielleicht nicht allein, sondern auch im Team.

Dieses viel besprochene Gefühl der Selbstwirksamkeit sollte auch einen eigenen Ort bekommen, wo ihm auf den Grund gegangen werden kann. An meiner Schule, welche auch eine Ganztagsschule ist, bot sich die Gestaltung einer entsprechenden Arbeitsgemeinschaft an. Anhand von Geschichten, aber auch Spielen und vieler weiterer Methoden können die Kinder dort ihrem eigenen Wert nachspüren und sich diesen immer wieder zusprechen lassen. Da dies in einer Gruppe geschieht, entdecken die Kinder nicht nur den eigenen Wert, sondern auch den der anderen. Somit kann eine Kultur der Wertschätzung entstehen und gelebt werden. Weitere Details zu dieser Arbeitsgemeinschaft finden sich in Kapitel 4.5.

… beim Bedürfnis nach Stille?

Ein weiteres wichtiges Bedürfnis von Grundschulkindern ist das Bedürfnis nach Ruhe. Im Jahr 2015 bildete sich an meiner Schule eine kleine Projektgruppe mit Menschen aus Schule und Kirche, welche die Bedürfnisse von Personen an der Schule in den Blick nehmen wollte. Anfangs hatten wir in dieser Gruppe nur die Vermutung, dass Ruhe ein wichtiges Bedürfnis sein könnte. Nach einer Befragung der Schüler war aber klar: Da ist ein sehr großes Bedürfnis, auch – und vor allem – nach einem Rückzugsort. Es lohnt sich wirklich, Wünschen und Vorstellungen der Kinder jenseits der reinen Anhäufung von Wissen nachzugehen. Unsere Projektgruppe hatte im Hinblick auf das Bedürfnis nach Ruhe gleich den Gedanken an einen Raum der Stille im Kopf. Da es diesen Raum an unserer Schule aber zunächst noch nicht gab, wurden auch hier kreative Ideen gesponnen. Diese reichten vom Zelt zur Hütte im Schulhof. Ich fand es für die Ideenfindung sehr hilfreich, diese gemeinsam im Team zu gestalten und später auch die anderen Kolleginnen und sogar Eltern mit in den Prozess einzubeziehen. An unserer Schule wurde uns beispielsweise wie durch ein Wunder ein Raum von den Elternbeiräten zur Verfügung gestellt, den diese für sich nutzen durften, ihn aber nicht benötigten. Diesen Raum der Stille mussten wir dann entsprechend ausstatten und ein Nutzungskonzept erstellen. Außerdem sollte sich jemand für diesen Raum verantwortlich fühlen. Hierfür bietet sich natürlich die Schulseelsorge, aber auch die Fachschaft der Religions- und Ethiklehrkräfte an. Besagter Raum wurde und wird so gern von den Kindern benutzt, dass auch Kollegen meinen, dass man darin schon zur Ruhe findet, wenn man ihn nur betritt. Ich spreche hier also die klare Empfehlung aus, zu überlegen, wie man an der eigenen Schule – gemeinsam mit »Gleichgesinnten« einen Ort des Rückzugs und der Ruhe schaffen kann. Auch die Schulkultur wird hiervon beeinflusst.

Nun habe ich viel aus meiner eigenen Erfahrung und Perspektive geschrieben. Wichtig ist es mir an dieser Stelle noch zu erwähnen, dass jeder, der an seiner Schule ein schulseelsorgerliches Angebot integrieren möchte, zunächst auf die Bedürfnisse der Menschen vor Ort schauen sollte. Dies war auch mein Weg. Als nächstes habe ich mir diese erfragten Bedürfnisse gemeinsam mit weiteren Kolleginnen angesehen. Es empfiehlt sich immer, sich Gleichgesinnte zu suchen und im Team zu arbeiten. Dazu kann sich der Schulseelsorgende – sofern vorhanden – mit anderen Beratenden an der Schule vernetzen und so die gesamte Schülerschaft in den Blick nehmen.

Im folgenden Kapitel lösen wir uns nun von den Kindern und schauen zu weiteren Personengruppen, welche mir in meiner Rolle als Schulseelsorgerin im Lebensraum Schule begegnen.

3 Schulseelsorge als sinnvolle Erweiterung des Systems Schule

Im letzten Kapitel habe ich aufgezeigt, welche Bedürfnisse die jüngsten Mitglieder der Schulgemeinschaft haben und welchen Beitrag Schulseelsorge dazu leisten kann. Wie in meinen Gedanken zur Definition der Schulseelsorge beschrieben, bin ich neben meiner Tätigkeit als Schulseelsorgerin, die nur einen kleinen Teil meiner Arbeit ausmacht, auch Lehrerin an der Schule. Als diese sehe ich nicht nur die Kinder als Personen, welche in diesem System zu finden sind. Ich begegne täglich meinen Kollegen, habe bei organisatorischen Fragen Gespräche mit der Schulleitung oder merke, dass Elterngespräche auch eine seelsorgerliche Dimension einnehmen. All diese Personengruppen nehmen mich in meinen verschiedenen Rollen – aber eben auch in derjenigen als Schulseelsorgerin – wahr. Dabei ist es für mich selbst wichtig, innerlich für Rollenklarheit zu sorgen. Nicht immer ist es dabei notwendig, diesen inneren Dialog auch nach außen zu tragen. In meiner Funktion als Schulseelsorgerin im System und vor allem Lebensraum Schule kann ich eine sinnvolle Erweiterung sein.

Meine Definition von Schulseelsorge an Grundschulen geht vom Kind aus. Zum Wohle dessen arbeite ich mit anderen Erwachsenen an der Schule zusammen. Die Zusammenarbeit mit diesen Personengruppen und die Chancen, die daraus entstehen können, möchte ich gern im nächsten Kapitel erläutern.

3.1 Schulseelsorge und Schulleitung

Als ich mich mit dem Gedanken trug, eine Weiterbildung zur Schulseelsorgerin zu machen, ging ich damit zunächst zu meinem Schulleiter. Bevor ich mich also an meine Landeskirche wandte, welche für die Weiterbildung zur Schulseelsorge zuständig ist, musste ich mir die konkreten Gegebenheiten an meiner Schule ansehen. Dazu sollte ich ergänzen, dass ich zu diesem Zeitpunkt nur ein ungefähres Bild von dem hatte, was da auf mich zukommen würde. Sie, liebe Lesende, sind an diesem Punkt schon einen Schritt weiter als ich. Es ist wichtig, für die eigene Schule zu prüfen, für welche Bedürfnisse Schulseelsorge konkret Angebote schaffen kann. Angebote, die somit einen echten Mehrwert für die Mitglieder der Schulgemeinde bieten können und zum guten Schulklima, einer guten Schulgemeinschaft beitragen können. Ohne die Zustimmung der Schulleitung ist dies nicht möglich. Nur mit deren Einverständnis kann der Religionslehrer offiziell als Schulseelsorger tätig werden. In meiner Landeskirche wird dazu ein Vertrag zwischen Schule und Kirche geschlossen.

Interview mit Schulleitung ohne Schulseelsorge

Ohne eine gewisse Offenheit der Schulleitung für dieses Anliegen ist die Tätigkeit als Schulseelsorgerin nicht möglich. Daher ist es nicht nur interessant, sondern auch wichtig, die Perspektive von Schulleitung auf Schulseelsorge zu kennen und darüber den eigenen, sicherlich auch begrenzten Horizont zu erweitern. Deshalb habe ich zunächst einen Schulleiter befragt, an dessen Schule es kein entsprechendes Angebot gibt, der dem Thema aber aufgeschlossen gegenübersteht. Ich habe ihm also meine Definition von Schulseelsorge vorgelegt, damit ein gemeinsames Verständnis des Begriffes als Basis vorhanden war. Wichtig war mir hierbei unter anderem auch, dass der Schulleiter schaut, wo Schulseelsorge an seiner Schule stattfinden könnte, welcher Ort dafür geeignet wäre.

1 »Welchen Mehrwert könnte Schulseelsorge Ihrer Schule bringen?«

»Schulseelsorge könnte unter dem Aspekt von Festen bei der Mitgestaltung und Planung eines Jahresablaufs helfen. Dabei könnten auch Wünsche der Kinder einbezogen werden (zum Beispiel Erntedank). So könnte die Schulgemeinschaft mit Hilfe der Schulseelsorge zu jeder Jahreszeit ein kleines Fest erleben. Das finde ich wichtig, weil Kinder Feste lieben und Jahreszeitenfeste Kindern und auch Erwachsenen eine Struktur geben und Gemeinschaft im Sinne von Kultur und Identität stiften. Strukturen zu geben, ist ein wichtiges, wenn nicht elementares Ziel von Pädagogik, aber auch von Religion, denn sie gibt Orientierung. Das wird meines Erachtens leider häufig vergessen. All die aufgezählten Dinge treten im Schulalltag scheinbar regelrecht in den Hintergrund. Mit anderen Worten: Schulseelsorge könnte einen Blick für das Hineintragen von Freudenmomenten in die Schule haben.

Weiterhin könnte Schulseelsorge ein Netzwerk außerhalb der Schule aufbauen, um im Krisenfall schnelle Unterstützung zu aktivieren. Schulseelsorge könnte Pädagogen für die Kinderseele sensibilisieren und den Blick auf die Kinder erweitern. Schulseelsorgende können z. B. durch kleine interne Fortbildungen sowie Inputs ein Verständnis für die ›Kinderseele‹ in Bezug auf die Entwicklung von Kindern aufbauen.

Eine Schulseelsorgerin könnte Ansprechpartnerin für Eltern sein, wenn die Kinderseele in Not ist. Sie hilft Eltern weiter, auch hinsichtlich einer Beratung zu externen Beratungsstellen.

Schulseelsorge könnte die Rolle des Vermittlers oder Teampartners der UBUS-Kräfte[7] einnehmen.«

2 »Welche Lücke könnte Schulseelsorge an Ihrer Schule schließen?«

»Ein Schulseelsorger könnte zuhören, also ein offenes Ohr für jeden haben. Wie oft erhalten wir Antworten und doch suchen wir jemanden, der einfach zuhört. Ohne Bewertung, Tipps, Relativieren, Bestärken usw. Schulseelsorge könnte bei ›emotionalen Schwächen‹ einen sicheren Raum bieten.«

3 »Wo könnte Ihrer Meinung nach der Platz der Schulseelsorge im System Ihrer Schule sein?«

»Der Platz der Schulseelsorge könnte ähnlich einer sozialpädagogischen Stelle gewissermaßen überall sein. Selbst in der Verwaltung. Allerdings immer auch unter dem Aspekt des ›Religiösen‹. Denn der Mensch ist nicht nur ein soziales, sondern auch religiöses Wesen, beispielsweise, wenn es um Sinnfragen geht. Schulseelsorge könnte dabei hilfreich sein, ein Bewusstsein für ›seelische Auszeiten‹ zu schaffen. Diese Auszeiten könnten mit Hilfe der Schulseelsorge räumlich, zeitlich und auch gedanklich sowie konzeptionell verankert werden. Als Teil der Schulkultur und in Form von Ruhe als Teil des Lernprozesses.«

4 »Wo(rin) sehen Sie Grenzen der Schulseelsorge an Grundschulen? Wofür ist Schulseelsorge *nicht* verantwortlich?«

»Schulseelsorge sehe ich als nicht verantwortlich für Personalauswahl und Finanzen. Sie sollte kein selbsternannter Personalrat sein und immer für jeden Konflikt da sein. Ich sehe Schulseelsorge auch nicht als psychologische oder medizinische Beratung.

Konfliktpotential sehe ich, wenn unterschiedliche Positionen und Ansichten in Konkurrenz statt in Ergänzung zueinanderstehen. Dies könnte bei einem

7 Meint in Hessen die unterrichtsbegleitende Unterstützung durch sozialpädagogische Fachkräfte.

Konflikt der Fall sein, einer Herangehensweise oder Entscheidungen. Je weniger die Aufgaben der Schulseelsorge geklärt sind, desto größer ist die Gefahr, dass Konflikte entstehen. Dies sollte wiederum ein Prozess sein. Die Rolle der Schulleitung ist relativ klar definiert. Die der Schulseelsorge noch nicht. Dies könnte ein systemischer Konflikt sein bzw. bei unklaren Rollen dorthin führen.

Außerdem ist die Schulleitung immer ›Chef‹, aber auch gleichzeitig Kollege, Beratender und Ratsuchender - manchmal auch alles gleichzeitig.«

5 »Was könnte Schulseelsorge Ihrer Meinung nach für Sie als Schulleiter tun? Wo kann sie Sie entlasten?«

»Schulseelsorge könnte durch stille Diplomatie bei Konflikten im Kollegium wirken. Sie könnte per Auftrag Beziehungsfragen im Kollegium bearbeiten, länger anhaltende Konflikte unter Kindern begleiten und auch beratende Tätigkeiten (zum Beispiel bei Änderungsprozessen, Abschiedsprozessen usw.) für Erwachsene ausüben.«

6 »Was könnte die Schulleitung für die Schulseelsorge tun?«

»Die Schulleitung könnte der Schulseelsorge den regelmäßigen Austausch anbieten. Sie könnte die Schulseelsorgerin in Dienstbesprechungen mit einbinden. Möglichkeiten sehe ich dabei in der Inputphase, bei Berichten aus der Schülerschaft, Projekte der Schulseelsorge usw. Die Schulleitung könnte der Schulseelsorge Räume im Sinne von Zeit und Raum öffnen und Unterstützung anbieten.«

7 »Worin sehen Sie einen Unterschied in der Arbeit bzw. der Profilierung von anderen Beratenden an der Schule?«

»Das kann ich am besten darstellen, indem ich die einzelnen Aufgaben der Beratenden an der Schule aufschlüssle. Darin kann dann - je nach Absprache - die Rolle der Schulseelsorge Ergänzung oder Abgrenzung finden.

Beratungslehrkräfte:

- Ansprechperson
- Vermitteln zwischen ›Parteien‹
- ›Sprachrohr‹ zwischen Kindern und Kindern, Kindern und Kollegium bzw. Lehrkraft
- Zielgruppe sind Kinder

UBUS:
- Einsatz bei Intervention, Prävention, Klassenstörungen, individuellen Krisen
- Angebote schaffen
- Beratung bei emotionalen Auffälligkeiten, Schulversagen
- Begleitung von Schülern, Eltern und Lehrkräften
- Netzwerkarbeit, z. B. mit Jugendämtern
- Zielgruppe sind Eltern und Kinder

Sozialpädagoginnen:
- Zusatzangebote neben dem Unterricht, beispielsweise Anti-Gewalt-Programme, Konzentrationstraining
- Integration von Kindern: Kinder mit Behinderung, Kinder mit Migrationshintergrund, hinzugezogene Kinder, Schulwechsler usw.
- Zielgruppe sind Kinder, Eltern und Kollegium; Zielgruppe ist hier weiter gefasst
- Kontakt zum Jugendamt bzw. Kinder- und Jugendberatungsstellen (zum Beispiel im Falle einer Kindeswohlgefährdung)

Das Profil und die Aufgaben der Schulseelsorge sollten dann mit der Schulleitung abgestimmt werden. Dies ist immer auch abhängig von bereits vorhanden Beratungs- und Unterstützungssystemen.

Ein Zusammenwirken dieser Beratenden könnte durch Networking geschehen. Schulseelsorge könnte im Kreis der Beratenden Schulungen zur Sensibilisierung, beispielsweise für die Kinderseele anbieten. Gemeinsam könnte so an einer Schulkultur mitgewirkt werden, in der gegenseitige Annahme usw. im Mittelpunkt steht. Dabei wäre weniger die Intervention als viel stärker die Prävention und Begleitung (abholen, begleiten, loslassen bzw. übergeben) ein zentrales Anliegen.«

»Vielen Dank für das Interview.«

Interview mit Schulleitung mit Schulseelsorge

Genauso interessant finde ich die Argumente eines Schulleiters, der sich entschieden hat, Schulseelsorge an der eigenen Grundschule zu etablieren. Was waren die Beweggründe? Wie sah der Weg dahin aus? Ein Schulleiter einer solchen Grundschule hat Erfahrungen mit den Angeboten der Schulseelsorge und auch der Person des Schulseelsorgers gemacht. Er kann aus seiner Perspektive heraus noch einmal die weiteren Gruppen an einer Schule beteiligter Personen, aber auch Prozesse in der Schule in den Blick nehmen. Dazu gehören unter anderem Gremien, die zum Beispiel Entscheidungen über die Profilierung oder das Programm der Schule treffen. Gremien mit Personen, die der Schulseelsorge also auch ihre Bedenken, Befürwortung oder vielleicht sogar Unterstützung zusagen können. Nach diesen einleitenden Worten möchte ich nun den besagten Schulleiter zu Wort kommen lassen.

1 »Welchen Anlass gab es für Sie, Schulseelsorge an Ihrer Schule zu integrieren?«

»Ich denke, Schule ist in erster Linie ein Lebensraum und in zweiter Linie ein Lernraum. Für die Akteure in der Schule ist es ein Lebensraum, in dem sie viel Zeit verbringen, in den sie Energie investieren und in dem sie leben. Wenn die Schule nicht nur eine Bildungsinstitution ist, sondern auch ein Lebensraum, geht es um den Menschen darin. Nicht um das, was er macht. Deshalb ist es wichtig, dass das Menschsein seinen Raum bekommt. Da bieten Kirche, Evangelium und Religion eine klare Möglichkeit, Mensch zu sein und zu sich zu finden. Dass man der sein kann, der man ist. Daher ist Schulseelsorge eine wirkliche Möglichkeit, Menschen zum Menschsein zu führen. Durch die Schulseelsorge kann ein anderer, spiritueller Horizont eröffnet werden. Jeder Mensch ist spirituell – ob so benannt oder nicht. Jeder Mensch kann so einen Zugang bekommen.

Auf Grundschule bezogen: Grundschüler sind genauso gestresst wie andere Menschen. Sie sind im täglichen Hamsterrad. Aus dem Religionsunterricht habe ich erfahren, dass Kinder eine wirkliche Ader für Spiritualität haben. Die Frage ist, ob man diese bedient oder eine spirituelle Ebene entwickelt. Es gibt so viele Angebote für die verschiedenen Interessen der Kinder: Bücherei, Sporthalle etc. Wieso sollte Spiritualität nicht schon im Grundschulalter Raum finden? So können spirituelle Erfahrungen geschaffen werden. Wenn dies schon im Grundschulalter geschieht, ist das grundlegend für den Besuch der weiterführenden Schule. Es ist abwegig, dass es keine Schulseelsorge an Grundschulen gibt.«

2 »Warum haben Sie die Schulseelsorge in Ihr Schulprogramm aufgenommen?«

»In einer aufbauenden Entwicklungsphase gehört das ins Schulprogramm hinein, weil es eine breite Masse tragen sollte. Das gelingt vielleicht nicht immer. Aber es ist einen Versuch wert. Es war uns wichtig, dass es in allen schulischen Gremien vorgestellt, besprochen, unterstützt wird. Damit es in der Schulgemeinde verankert ist und nicht ein Angebot einzelner ist.

Somit steht die Schulseelsorge auf einem breiten Fundament. Damit die Grundidee von diesen Gremien gemeinsam getragen wird.

Es ist darüber hinaus wichtig, dass es ein klarer Bestandteil des Schulprofils ist, damit es kein Schattendasein führt.«

3 »Welche Aufgaben hat die Schulseelsorge an Ihrer Schule?«

»Ansprechpartner für die Schülerschaft und das Team sein (in Einzelfällen vielleicht auch für Eltern), andere (spirituelle) Angebote wie Gottesdienste mittragen und initiieren, Gedanken teilen. Eine schulseelsorgerliche Haltung und den entsprechenden Blick ins schulische Geschehen und Team mit einbringen.«

4 »An welcher Stelle kann Schulseelsorge Ihrer Meinung nach die Schulleitung entlasten? Was wünschen Sie sich als Schulleitung von Schulseelsorge?«

»Die Schulseelsorge kann die Schulleitung in jeglicher Form von schwierigen, außergewöhnlichen, krisenhaften und kritischen Situationen unterstützen und entlasten. Das Ganze mit aufgreifen und bearbeiten.

Ich als Schulleitung weiß, ich habe einen Ansprechpartner für solche Situationen, für besondere Herausforderungen oder Nöte.

Die Leitung kann auch mal mit der Schulseelsorgerin gemeinsam auf eine schwierige Situation sehen.

Wenn der Schulleitung ein menschlich gutes Schulklima wichtig ist, ist Schulseelsorge ein wichtiger Unterstützungsfaktor. Schulseelsorge ist ein wichtiger Partner bei der Entwicklung einer menschenorientierten Schulkultur.

Ich wünsche mir die oben genannte Form von Unterstützung. Dass Schulseelsorge die eben genannten Punkte aktiv als Player in die Tat umsetzt und initiiert. Dass Schulseelsorge initiativ ist in Punkten, die sonst untergehen. Dass sie auch Impulse in diese Richtung gibt.«

5 »Worin sehen Sie einen Unterschied in der Arbeit bzw. Profilierung von Beratungslehrkräften, UBUS, Sozialpädagogen und Schulseelsorge?«

»Schulseelsorge geht vom Menschen aus und ist niederschwellig. Sie hat immer einen spirituellen Blick, mit dem sie den Menschen sieht. Dieser spirituelle Blick ist exklusiv bei diesen genannten Gruppen. Das geht über rein menschliche oder soziale Beratung hinaus.

Die genannten Gruppen ergänzen sich in vielen Bereichen und unterstützen sich auch gegenseitig, da es viele komplexe Anforderungen und Bedarfe gibt. Im besten Falle sieht man von den Rollenzuschreibungen erst mal ab, sieht sich gemeinsam die unterschiedlichen Bedarfe an und überlegt, welche davon die Schulseelsorge gut abdecken kann.«

6 »Wo sehen Sie Stolpersteine bzw. Grenzen der Schulseelsorge?«

»Schulseelsorge braucht in der Schulgemeinde eine grundsätzliche Akzeptanz. Gleichzeitig kann man Akzeptanz und Vertrauen gewinnen, indem man klar macht, was man anbietet. Indem man Transparenz schafft. Dazu muss man die Menschen in Prozesse einbinden. Es kann auch passieren, dass es an Zustimmung fehlt. Da muss ich sehen: Was kann ich unter den gegebenen Umständen [schulseelsorgerlich] anbieten? Oder man fängt klein an und baut Vertrauen auf.

Ein weiterer Stolperstein: Wenn sich Kirche in Schule einmischt. Also es müssen die Rollen von Kirche und die Rolle von Schule und Schulleitung klar sein.

Auch die organisatorischen und zeitlichen Ressourcen sind immer ein Stolperstein. Dazu erfordert es ein ganz klares ›Warum‹. So kann man dann im Dschungel von Aufgaben, Anforderungen, Ressourcenknappheit der Schulseelsorge auch den zeitlichen und räumlichen Rahmen geben.

Die Schulseelsorge muss definieren, für wen sie wann da ist und wann nicht. Wir haben an unserer Schule die Eltern als Adressaten von Schulseelsorge ausgeklammert, bieten also keine alleinigen Angebote für Eltern an, da dieser Bedarf sehr groß werden kann.

Man sollte aufpassen, dass man sich nicht verzettelt.«

7 »Welche ›goldenen Tipps‹ würden sie Schulleiterinnen geben, die Schulseelsorge an ihrer Schule als Angebot etablieren wollen?«

»Das erste ist die ›Warum‹-Frage: Warum will ich das überhaupt?

Ich muss sehen, ob es in Schule und Kirche Partner gibt, die bei dieser Idee mitgehen oder eine ähnliche Idee haben.

Wenn man dann auf einem Weg ist, sollte die Frage geklärt werden, was die Schüler oder Erwachsenen der Schule brauchen. Wie kann Schulseelsorge der Schule dienen?

Wie kann diesen Bedarfen entsprochen werden? Welche Möglichkeiten hat die Schulseelsorge? Man geht auf Ideenschau – tauscht sich am besten mit der oben genannten Gruppe von Gleichgesinnten aus.

Wenn man Ideen hat, sollten diese in die Gruppen eingebracht werden, die bedient werden sollen. Ich schaue: Deckt sich das mit den Bedarfen? Danach ist es wichtig, sich noch mal ein Feedback zu holen.

Irgendwo wäre dann auch ein Punkt, wo ich es in Gremien der Schule offiziell absichern muss. Aber hierbei muss man sehr genau sehen, wann man das macht. Wenn man das zum falschen Zeitpunkt macht, kann das Widerstand hervorrufen. Und dann muss man einfach starten.«

»Vielen Dank für das Interview.«

An dieser Stelle verzichte ich darauf, den Interviews weitere Worte hinzuzufügen, um sie wirken zu lassen. Es genügt mir, Sie in das nächste Unterkapitel zu geleiten, in welchem ich mein Kollegium genauer betrachte.

3.2 Schulseelsorge und Kollegium

Nachdem ich zu Beginn meiner Arbeit als Schulseelsorgerin die Zustimmung der Schulleitung hatte, war der nächste Schritt, die Kollegen darüber zu informieren. Am besten so, dass sie im besten Falle gleich den Mehrwert einer solchen schulseelsorgerlichen Arbeit erkennen konnten. Viele denken sich, dass Seelsorge »irgendetwas mit der Kirche zu tun hat«. Vielleicht schreckt dies den einen oder die andere sogar ab. Aus Angst vor der »Überstülpung« kirchlicher Meinungen oder gar Missionierung. Aus Angst vor dem Unbekannten. Transparenz ist hier mein Stichwort. Neben der Transparenz meiner Arbeit vor dem Kollegium war es mir ein weiteres Anliegen, die Lehrkräfte selbst mit in den Blick zu nehmen. Bevor ich schildere, wie ich meinen Kollegen die Inhalte der Schulseelsorge vorstellen wollte, möchte ich zunächst über die Ermittlung der Bedarfe und Wünsche im Kollegium schreiben.

Vor meiner Ernennung zur Schulseelsorgerin war ich bereits innerschulisch Mitglied einer systemübergreifenden Projektgruppe von Kirche und Schule, welche zunächst die Bedarfe unserer Lehrerinnen und Schüler sammelte. Der Fragebogen für meine Kollegen begann mit den einleitenden Worten, dass wir in der Projektgruppe gemeinsam überlegen, wie wir unsere Schule noch besser gestalten können, damit sich alle Beteiligten darin wohlfühlen und gerne dort

leben, arbeiten und lernen. Anschließend wurde dazu eingeladen, sich zu den folgenden Fragen anonym zu äußern:
- Damit geht es mir in der Schule gut: ...
- Das nehme ich als schwierig wahr: ...
- Ich wünsche mir: ...

Leider haben sich daraufhin nur sehr wenige Kolleginnen zurückgemeldet. Das Ganze war vor sechs Jahren und ich stand noch ganz am Anfang meiner Arbeit bzw. meiner neuen Rolle als Schulseelsorgerin. Aus heutiger Perspektive würde ich die Fragen weniger offen gestalten. Außerdem würde ich eine andere Form der Befragung wählen. Anstatt den Kollegen, die ja sowieso im Schulalltag schon viele Fragebögen ausfüllen bzw. sich schriftlich erklären müssen, wieder mit etwas Schriftlichem zu kommen, würde ich mit möglichst vielen von ihnen das persönliche Gespräch suchen. Das nimmt zwar mehr zeitliche Ressourcen in Anspruch, ist aber im Endeffekt effektiver, da man, denke ich, ein besseres Gesamtbild der Bedarfe und auch der »Stimmung« im Kollegium bekommt.

Auch anhand der wenigen Rückmeldungen aus dem Kollegium konnte ich herausarbeiten, dass generell viel Druck durch die Taktung des Schulalltags empfunden wurde, mitunter auch eine gewisse Getriebenheit. Der Wunsch nach mehr Balance und Ruhe wurde laut. Nun hieß es, sich bewusst zu werden, welche Wünsche ich als Schulseelsorgerin mit einem Angebot der Schule bedienen konnte bzw. mochte und welche nicht. In unserer Projektgruppe kamen wir aufgrund der Rückmeldungen zu dem Schluss, dass wir in der Schule einen Raum der Stille brauchten. Diesen wollten wir dann nicht nur den Kindern, sondern auch dem Kollegium zur Verfügung stellen. Viele Lehrkräfte berichteten mir später, wie gut ihnen eine Pause in genau diesem Raum getan hätte. Und dass man schon allein bei dessen Betreten – sei es allein oder sogar mit einer Lerngruppe – Ruhe verspüren könne. Ich finde dies einen wunderbaren, niederschwelligen Weg, auch auf die Bedarfe von Kollegen und Kolleginnen einzugehen. Dabei ist mir klar geworden, dass ich nicht immer mit inhaltlich gefüllten Angeboten aufwarten muss. Dass auch schon durch die Verfügbarkeit von örtlichen Gegebenheiten und die Einladung zur deren Nutzung ein anfänglicher Impuls erzeugt werden kann, der dann gar nicht weiter begleitet werden muss. Wenn es keinen solchen Raum gibt, kann man vielleicht noch »kleinschrittiger« denken und überlegen, ob man beispielsweise im Lehrerzimmer eine »Ecke der Ruhe« einrichtet. In Kapitel 2.3 habe ich bereits beschrieben, dass Kreativität und »über Grenzen hinausdenken« hier wertvolle Ressourcen sein können.

Ich möchte allerdings noch erwähnen, dass ich persönlich es wichtig finde, mich immer wieder mit aufmerksamen Ohren im Kollegium umzuhören. Welche Bedarfe gibt es aktuell? Kann ich diese als Schulseelsorgerin bedienen oder dazu beitragen, dass sie von anderen bedient werden? Mir ist es auch wichtig, bei wahrgenommener Belastung von Kollegen zu zeigen: Es denkt jemand an dich und du bist nicht allein. Dazu schreibe ich Karten oder lege den Kolleginnen kleine Aufmerksamkeiten in ihr Fach. Aber hierbei muss natürlich jeder den Weg finden, der auch zu seinem Wesen passt.

Bevor ich meine schulseelsorgerliche Arbeit bzw. ihren Schwerpunkt in der Gesamtlehrerkonferenz eingeführt habe, stellte ich meine Arbeit zunächst im Rahmen einer gemeinsamen Fachkonferenz der Fächer Religion und Ethik vor. Dazu musste ich mir erst einmal selbst Gedanken darüber machen. Ich wusste, dass für mich die Beratung sowie die Bespielung unseres Raumes der Stille wichtige Schwerpunkte waren, aber auch die Gestaltung der spirituellen Angebote wie Schulanfangs- und Abschlussgottesdienste. Für die Anbahnung dieser Beratungsarbeit musste nicht nur dem Kollegium, sondern natürlich auch den Kindern erst mal dargestellt werden, worum es dabei eigentlich geht. Im Bild des »Seelenvogels« aus dem gleichnamigen Buch von Michal Snuit (1995) fand ich bei meiner Weiterbildung zur Schulseeslorgerin ein wunderbares Bild für unsere Seele und die darin wohnenden Gefühle. Zu diesem Buch und auch Bild entwickelte ich eine Einführungsstunde, in welcher ich mit den Kindern über ihre eigenen Gefühle ins Gespräch kommen wollte. Daran schloss sich dann ein Beratungsangebot an, für den Fall, dass bestimmte Gefühle immer wieder auftraten und die Kinder nicht zur Ruhe kommen ließen. Für diese Stunde brauchte ich zeitliche Ressourcen der Religions- und Ethikstunden (eine Doppelstunde) in den einzelnen Jahrgängen. Dies war vorher mit der Schulleitung abgesprochen. In der Reli-/Ethikfachkonferenz konnte ich dabei schon mal ein Verständnis meiner Arbeit – durch eine detaillierte Vorstellung und somit auch eine Zustimmungsbasis unter den Fachkollegen – schaffen.

Entsprechend gestärkt ging ich dann in die Gesamtlehrerkonferenz, in der ich weniger detailliert und inhaltlich auf meine Einführungsstunde einging. Mir war es eher wichtig, ein Verständnis für die von der Projektgruppe ermittelten Bedarfe der Schülerinnen zu schaffen, die ich als Schulseelsorgerin bedienen wollte. Ich wollte gern mein nächstes Anliegen – die Bespielung unseres Raumes der Stille – unter anderem in den Pausen – auch zum Anliegen meiner Kolleginnen machen, da das Bedürfnis nach Ruhe vermehrt von den Schülern geäußert wurde. Gemeinsam dafür sorgen, dass dieses Bedürfnis bedient wird und den Kindern so neben dem Lern- auch einen Lebensraum zu geben, war mein Ziel. Tatsächlich traf ich im Kollegium auch auf breite Zustimmung zu meiner schulseelsorgerlichen Arbeit. Gerade in puncto Beratung wurde gesagt, dass dort auch ein großer Bedarf gesehen wird. Die Kollegen waren froh, dass es nun jemanden gab, an den sich die Kinder mit ihren Anliegen wenden konnten. Auch das Bedürfnis nach Ruhe konnte nachvollzogen werden und es gab Kolleginnen, die bereit waren, eine zusätzliche Aufsicht im Raum der Stille zu übernehmen, sodass anfangs tatsächlich jede Pause abgedeckt werden konnte. Ich war dabei diejenige, die für diesen Raum Ansprechpartnerin war und auch über die Ausgestaltung dieser Pausen konnten wir gut ins Gespräch kommen.

Während ich hier von so vielen positiven Resonanzen berichte, bin ich mir bewusst, dass es eine solch breite Zustimmung nicht in jedem Kollegium geben kann. Ich gehe davon aus, dass beide Seiten – Schulseelsorger und Kollegium – auf das Wohlergehen des Kindes hinwirken wollen. Das schafft eine gemeinsame Basis. Deswegen finde ich den Gedanken auch gut, zunächst einmal die Bedarfe der Kinder zu ermitteln und diese dann als Grundlage der Vorstellung der schulseelsorgerlichen Angebote zu nehmen. Diese Bedarfe können sich immer mal wieder ändern, sodass ich sie tatsächlich in regelmäßigen Abständen ermittle – sowohl die der Kinder als auch die der anderen Lehrkräfte – um gegebenenfalls Anpassungen vornehmen zu können.

Wie ich oben bereits erwähnt habe, sahen meine Kollegen vor allem in meinem Beratungsangebot einen großen Nutzen für die Kinder. In Gesprächen mit Kolleginnen habe ich immer wieder die Erfahrung gemacht, dass sie mir von Kindern berichteten, die große Probleme und Sorgen mit sich herumtrugen. Kindern, denen sie gern helfen würden, aber keinen Ansatzpunkt hatten, um ihnen und ihren Problemen gut begegnen zu können. Oft fällt der Satz: »Das wäre doch etwas für dich als Schulseelsorgerin«. Wie ich schon in Kapitel 2.1 geschrieben habe, ist die Grundlage jeder Beratung die Freiwilligkeit der Schüler. Es bringt nichts, wenn ein Kind zu mir kommt, weil Frau oder Herr XY das von ihm verlangt. Dies kommuniziere ich auch den Kolleginnen gegenüber immer wieder: Ich sage in solchen Fällen meistens, dass sie dem Kind gern den Vorschlag machen können, sich mit ihrem Anliegen an mich zu wenden. Gleichzeitig mache ich aber auch klar, dass ab dem Zeitpunkt der Beratung bei mir das Seelsorgegeheimnis gilt. Das bedeutet, dass ich meinen Kolleginnen ohne Zustimmung des Kindes nichts von dem Inhalt unseres Gespräches sagen darf. Dies habe ich von Beginn meiner Arbeit an transparent kommuniziert und dabei gibt es für mich auch keine Kompromisse.

Als letzter Personengruppe von Erwachsenen an Schulen wende ich mich nun den Eltern der Kinder zu. Auch wenn sie, wie schon erwähnt, nicht explizite Adressaten meiner schulseelsorgerlichen Arbeit sind, gibt es dennoch Berührungspunkte.

3.3 Schulseelsorge und Eltern

Nachdem mein Schulleiter damit einverstanden war, dass ich als Schulseelsorgerin an seiner Schule arbeite, war nicht nur die Kommunikation mit den Lehrkräften und Kindern wichtig. Auch die Eltern mussten informiert werden und sich am besten »mitgenommen« fühlen. Wie auch im Kollegium sehe ich die gemeinsame Sorge um das Wohl des Kindes als ein wichtiges Bindeglied. Unsere Grundschule, welche auch über einen Hort und ein Ganztagsangebot verfügt, ist zugleich Lern- und Lebensraum. Um die Schulseelsorge darin zu verankern, muss sie Teil des Schulprogrammes werden. Als solche braucht sie in Hessen strukturell die Zustimmung verschiedener an der Schule tätiger Gremien. Auch in dieser Angelegenheit nahm ich die ermittelten Bedarfe der Kinder als Ausgangspunkt meiner Darstellungen. Ich erlebte dabei eine erstaunliche Offenheit innerhalb der Elternschaft.

Viele von ihnen waren selbst in leitenden Positionen und konnten das in den Befragungen herausgearbeitete Bedürfnis nach Ruhe nur zu gut verstehen. Aber auch das nach Selbstbewusstsein. Sie wussten um die Konsequenzen im Erwachsenenleben, was passiert, wenn man die eigenen Bedürfnisse ignoriert, und nannten Schlagwörter wie »Burn-out«. Sie teilten eigene Erfahrungen mit. Ich stieß also vor allem mit meinem Anliegen, dem Raum der Stille Leben einzuhauchen, auf offene Ohren. Den Eltern war es aber auch wichtig, dass jemand da ist, der ein offenes Ohr hat und die Kinder nicht nur als Lernende, sondern auch als »ganze Menschen« im Blick hat. Bei aller Offenheit für die schulseelsorgerlichen Anliegen wurde von den Eltern allerdings auch der Wunsch – oder sogar die Bedingung – geäußert, dass ihre Kinder nicht religiös beeinflusst würden. Sie äußerten die Sorge, dass ihnen »von der Kirche« etwas aufgedrängt werden könnte. Dazu eine klare Stellungnahme von meiner Seite: Schulseelsorge macht Angebote und manipuliert nicht. Ich sehe es als meine Aufgabe an, den Kindern immer wieder zu erklären, dass ich verschiedene Wege aufzeige. Dabei verleugne ich meinen Glauben nicht, sondern beziehe Stellung. Kinder stellen dann schnell fest, ob ihre Eltern eine andere Weltanschauung haben. Und dass es in unserer Gesellschaft eine Vielzahl von Weltanschauungen gibt. Dass ich selbst entscheiden kann (und muss), was ich glaube.

Mein Anliegen als Schulseelsorgerin ist es, den Eltern in der Schulseelsorge einen neuen Raum innerhalb der Schule aufzuzeigen. Einen Raum im übertragenen Sinne, in welchem ihr Kind nicht über seine schulischen Leistungen oder sein Sozial- und Arbeitsverhalten bewertet wird. Die Schulseelsorge soll ihrem Kind die Möglichkeit geben, sich ohne Änderungswünsche akzeptiert und angenommen zu fühlen. Sie soll dabei helfen, dass es sich selbst im Idealfall genauso sehen kann.

Bei all diesen Überlegungen ist im Hinterkopf zu behalten, dass die Beratung von Kindern in der Grundschule vollzogen wird, während diese noch minderjährig und die Eltern erziehungsberechtigt sind. Dies ist ein sensibles Thema. Kinder sind noch sehr beeinflussbar. Deshalb ist es mir auch so wichtig, keine Ratschläge zu geben, sondern den Kindern gut zuzuhören und mit ihnen gemeinsam nach einer Lösung zu suchen. Ich möchte sie begleiten. Eltern müssen mir hier ein Stück weit Vertrauen entgegenbringen, da ich mich an das Seelsorgegeheimnis gebunden fühle und nur mit ihnen über den Gesprächsinhalt rede, wenn das Kind dies auch möchte. Natürlich tragen die Kinder das, was sie mit mir in der Seelsorge besprechen, oft auch nach Hause. Sie tragen ihr Herz auf der Zunge. Eltern sind in gewisser Weise »Ko-Adressaten« (Görtz SJ, Philipp 2010) und können ihr Kind positiv beeinflussen, indem sie positiv vom Angebot der Schulseelsorge reden.

Leider habe ich hierbei auch negative Erfahrungen gemacht und Eltern erlebt, die mir sagen wollten, worüber und wie ich mit ihren Kindern sprechen solle. In solchen Situationen hat es mir geholfen, Verständnis für die Eltern zu haben und ihre Perspektive einzunehmen. Sie lieben ihr Kind und sind um sein Wohlergehen besorgt. Und sie möchten, dass dieses immer gewahrt bleibt. Wenn ich dies im Hinterkopf behalte, kann ich ruhig mit ihnen über ihr Anliegen sprechen.

An unserer Schule haben wir uns entschieden, den Eltern selbst kein explizites Seelsorgeangebot zu bieten. Im Mittelpunkt der Arbeit stehen das Kind und seine Bedürfnisse. Innerhalb des Ortes oder Wirkungskreises des Schulseelsorgers gibt es immer auch gute Beratungsstellen für Eltern. Mir als Schulseelsorgerin hilft es, dass ich mir darüber einen Überblick verschafft und Kontaktdaten in greifbarer Nähe habe. So kann ich gut als Bindeglied zwischen und Eltern und entsprechenden Stellen agieren.

Nachdem ich nun allen im System Schule befindlichen Personengruppen – außen vor gelassen habe ich nur den Hausmeister und die Sekretärin – meine Aufmerksamkeit und Gedanken aus einer schulseelsorgerlichen Perspektive gewidmet habe, wende ich mich der eigentlichen Praxis zu. Dem aufmerksamen Betrachter wird der kleine Vogel in der einen ausgestreckten Hand auf dem Cover dieses Buches aufgefallen sein. Er wird Sie nun durch das nächste Kapitel dieses Buches begleiten.

4 Der »Seelenvogel« als Paradigma für die Seelsorge an Grundschulen

In meinem Weiterbildungskurs zur Schulseelsorgerin hatte ich die Aufgabe, mir ein Projekt für meine Arbeit als Schulseelsorgerin zu überlegen. Dabei fiel mir auf, dass für Kinder im Jugendalter, welche die weiterführende Schule besuchen, der Sinn eines Beratungsgespräches klar ist. Wenn an einer weiterführenden Schule Schulseelsorge in Form von Beratungsgesprächen angeboten wird, muss nicht erst transparent gemacht werden, worum es dabei geht. Das ist an einer Grundschule schon etwas anderes. Wie ich zu Beginn des zweiten Kapitels beschrieben habe, wussten die Kinder an meiner Schule anfangs nichts mit dem Begriff der »Schulseelsorgerin« anzufangen. Deshalb habe ich mir als Ziel meines Projektes gesetzt, die Inhalte meiner Beratungsarbeit kindgerecht aufzubereiten und zu erklären. Dazu kam mir das Bild des »Seelenvogels« in den Sinn, welches in einem gleichnamigen Buch von Michal Snuit (1995) als Bild für die Seele verwendet wird. Tatsächlich wird der Vogel auch in vielen Traditionen als Symbol für die Seele genutzt, begonnen bei eiszeitlichen Höhlenmalereien bis zum Seelenvogel, welcher die Seele des Menschen in den Himmel leitet (vgl. v. Braunmühl 2018, S. 11). Michal Snuit greift dieses Bild auf und setzt bewusst Grafiken als Ergänzung zum Text ihres Buches ein. Diese Darstellungen des »Seelenvogels« sind sehr schlicht gehalten und ermöglichen es den Kindern, die Sprache des Vogels zu verstehen (S. 8). Das Buch ist natürlich nicht nur für die Vorstellung von Beratungsarbeit, sondern auch im Religionsunterricht sehr gut einsetzbar. Es bietet viel Raum für die Vorstellungskraft der Kinder, lässt sie dennoch ihre eigenen Erfahrungen damit machen und hilft durch Bild und Sprache, Gefühle auszudrücken (S. 8). Mithilfe dieses Buches hatte ich also ein Bild gefunden, damit das den Kindern bekannte Wort »Seele« mit Leben gefüllt werden und eine Form erhalten konnte. Das Bild des Vogels ist für mich hierbei nicht unumstößlich festgeschrieben und unersetzbar. Wenn ein Kind ein anderes Bild für seine Seele wählt, greife ich das natürlich genauso auf. Aus der Grundschulpädagogik weiß ich dennoch, dass gerade den Kindern nicht zugängliche Begriffe mit einem Bild verbunden viel leichter greif- und erfahrbar werden.

Der nun folgende Teil dieses Buches wird eher praktischer Natur sein. Er soll dazu einladen, auf Entdeckungsreise zu gehen, welche Möglichkeiten es gibt, mit Kindern über »ihre Seele« ins Gespräch zu kommen. Dies ist keineswegs ein Buch mit sieben Siegeln, braucht aber schon ein gewisses Fingerspitzengefühl und Offenheit, gewürzt mit ein wenig Kreativität. In den folgenden Unterkapiteln werde ich beim Bild des »Seelenvogels« bleiben, den ich mit verschiedenen Ansätzen und Arbeitszweigen der Schulseelsorge an Grundschulen verbinden möchte. Dazu werde ich zunächst von meinen eigenen Ideen und Erfahrungen sprechen, bevor ich im letzten Unterkapitel eine Expertin zu Wort kommen lasse, welche langjährige Erfahrung in der Arbeit mit Kindern in Krisensituationen hat. Ich werde in diesen Unterkapiteln also noch nicht auf die Arbeit in der Einzelberatung eingehen, sondern zeige Möglichkeiten auf, wie mit ganzen Klassen schulseelsorgerlich gearbeitet werden kann.

4.1 Den »Seelenvogel« kennenlernen - Einführung der Schulseelsorge in den Klassen der Schule

Organisatorischer Rahmen

Vorab steht an dieser Stelle eine wichtige Information: Wer die Einführungsstunde selbst einmal ausprobieren, sehen oder den eigenen Bedürfnissen entsprechend anpassen möchte, findet sie in komprimierter Form im Download-Material (Link und Code zum Download finden Sie am Ende des Buches nach der Literatur).

Bevor ich gleich meine Überlegungen zum Inhalt der Stunde teile, möchte ich zunächst noch den organisatorischen Rahmen ansprechen: Ich wollte wissen, welche zeitlichen und räumlichen Ressourcen mir zur Verfügung standen. Daran passte ich dann die Inhalte der besagten Stunde an. Ich fand es dabei schwierig, von Zielen oder Kompetenzen zu sprechen, welche die Schüler erreichen sollten. Mir war es wichtig, der Stunde einen zwanglosen und äußerst einladenden Charakter zu geben. Ohne Bewertung. Ob ein Kind in der Lage oder der Stimmung ist, sich mit seinen Gefühlen auseinanderzusetzen, kann und will ich nicht bewerten. Es gilt, wie die Studien in Kapitel 2.3 zeigen, verborgene und belastende Gefühle bei Kindern zutage treten zu lassen, mit denen sie sich ohne Hilfe nicht auseinandersetzen können. Dafür war in der Religions- oder Ethikgruppe nicht immer der richtige Raum. Dennoch durfte diese Stunde dazu beitragen, dass die Kinder merken: Da gibt es solche Gefühle in mir, in einer Schublade eingeschlossen, die ich nicht allein öffnen kann oder mag. Genau diese Situation möchte ich aufgreifen.

Mein Schulleiter und ich verabredeten, als organisatorischen Rahmen die Religions- und Ethikstunden zu nutzen. Anschließend sprach ich dies mit den Religions- und Ethiklehrkräften ab. Als Ort wollte ich unseren Raum der Stille nutzen. Diesen haben wir »AndersOrt« genannt. In ihm findet kein herkömmlicher Unterricht statt. Die Kinder sollen erleben, dass dieser Raum anders ist als ein Klassenzimmer. Sie dürfen sich selbst anders erleben – fern von den Ansprüchen anderer. Dort sie selbst sein und sich akzeptiert fühlen.

Bevor die Kinder den »AndersOrt« betreten, ziehen sie sich die Schuhe aus. Im Inneren des Raumes, müssen sie zunächst einen Vorhang zur Seite ziehen. Schon allein diese Kleinigkeiten machen klar: Hier betrete ich einen anderen Raum. Um einen solchen Ort in einem normalen Klassenzimmer zu schaffen, hilft es schon, minimale Veränderungen vorzunehmen: Die Tischmöbel zur Seite schieben. Decken oder Kissen auslegen, deren Ausrichtung nach innen und nicht nach außen geht. Einen Raum schaffen, der nicht gleich an Klassenzimmer und Lernen erinnert. Vielleicht mögen Sie auch die Idee aufgreifen, dass sich die Kinder vor dem Raum die Schuhe ausziehen und einzeln eintreten, um ihn neu wahrzunehmen und zu erfahren.

In dieser Einführungsstunde möchte ich mit den Kindern über ein sehr persönliches Thema sprechen, das ein Stück weit eine Seite von ihnen zeigt, die verletzlich sein kann. Deshalb sage ich vor der inhaltlichen Arbeit mit dem »Seelenvogel« etwas zum Rahmen der Stunde: »Wir werden hier über Dinge sprechen, die etwas mit dem zu tun haben, was in uns ist: Unseren Gefühlen. Das sind sehr persönliche Dinge und deswegen werden alle Dinge, die hier gesagt werden, nicht einfach jemand anderem weitererzählt. Das soll ein sicherer Raum sein, indem jeder ehrlich sagen kann, wie es ihm oder ihr geht. Und wo er oder sie sich sicher sein kann, dass andere nicht darüber lachen werden«.

Unsere Gefühlsschubladen

Nachdem die Kinder den Raum betreten haben, setzen sie sich in einen Kreis. So ein Kreis ist für mich die optimale Sozialform, da er Nähe und Zugehörigkeit schafft und die Kinder sich gegenseitig sehen können. In der Mitte des Kreises steht ein Korb. Nachdem die Kinder begrüßt wurden, werden sie ermutigt, Vermutungen zum Inhalt des Korbes zu äußern. Natürlich wird das Geheimnis anschließend gelüftet, indem Stück für Stück die Decke zur Seite geschoben und der Inhalt des Korbes sichtbar wird: Es ist ein Vogel aus Holz mit einem beweglichen Kopf. Dieser wird als »Seelenvogel« vorgestellt. Warum er nun »Seelenvogel« heißt, darauf dürfen die Kinder anschließend einen Antwortversuch wagen. Sie können den »Seelenvogel« hierbei auch selbst handelnd begreifen – ihn anfassen, seine Körperhaltung verändern und wahrnehmen, was sich dadurch verändert.

Ich lese den Kindern nun aus dem Buch »Der Seelenvogel« von Michal Snuit (1995) vor. Sie hören, dass die Seele mit einem Vogel zu vergleichen ist, der in unserer Seele wohnt und alles fühlt, was auch wir fühlen.

Nach den einleitenden Worten werden den Kindern verschiedene Gefühlszustände des »Seelenvogels« vorgelesen. Sie werden aufgefordert, sich den entsprechenden Bildkarten im Kreis zuzuordnen und zu ihnen setzen. Dabei gibt es kein »richtig« oder »falsch«. Sie werden ermuntert, das Bild, das vor ihnen liegt, zu beschreiben und zu sagen, wie sich »Seelenvogel« gerade fühlt. Meist verknüpfen sie die Situationen auch gleich mit Ereignissen in ihrem eigenen Leben.

Im Buch folgt nun die Erweiterung des Bildes des »Seelenvogels«. Seine Gefühle sind in Schubladen eingeschlossen, für die er einen Schlüssel hat. Nach dem Vorlesen gehen die Kinder in den Kinositz und sehen ein kleines Schränkchen mit eben solchen Schubladen. An diesen kleben die verschiedenen Grafiken der »Seelenvögel« aus dem Buch. In den Schubladen selbst befindet sich nichts. Dies sage ich den Kindern vorher allerdings nicht. Eine Schublade habe ich mit keiner Grafik versehen. Sie steht für Gefühle, die wir gar nicht so genau benennen können. Die Kinder können nun nacheinander und freiwillig eine oder mehrere Schubladen öffnen, die ihren derzeitigen Gefühlen entsprechen. Sie können sagen, welche Gefühle für sie auf den Bildern zu sehen sind. Nun gehe ich darauf ein, dass es in den Schubladen ja gar nichts zu entdecken gab. Die anderen Kinder werden gefragt, was sie denn erwartet haben, in der Schublade zu finden. Einen Gegenstand zum Anfassen? Eine Farbe? Was passt für sie zu diesem Gefühl? Ich sage ihnen, dass eine Schublade absichtlich leer ist, denn da gehört für jeden etwas anderes hinein und ich könnte gar nicht für jeden das passende finden. Jeder verbindet damit etwas Anderes und dabei gibt es wieder kein richtig oder falsch.

Dann frage ich die Kinder, ob sie wissen, warum sie sich so fühlen. Ob etwas Bestimmtes passiert ist, das dieses Gefühl in ihnen hervorruft. Oftmals können die Teilnehmenden hierbei eine bestimmte Situation benennen. Die Kinder, die gerade nicht reden, dürfen sich, wenn auch sie schon solche Gefühle oder Erlebnisse hatten, eine Hand auf ihr Herz legen. Das wird vorher mit ihnen besprochen und die Geste gemeinsam ausprobiert. So möchte ich erreichen, dass sich jeder mitgenommen fühlt, auch wenn er oder sie nicht darüber sprechen mag. Alle Gefühle werden so stehen gelassen. Ohne Bewertung. Viele Kinder können in dieser Stunde zu Wort kommen.

Wenn eine Schublade klemmt

Danach wird weiter aus dem Buch vorgelesen. Die Kinder erfahren, dass eine Schublade manchmal einfach so aufspringt. Ohne dass wir es beeinflussen können. Oder dass manchmal eine Schublade klemmt. Auch das kann anhand des kleinen Schubladenschrankes verbildlicht werden. Nachdem diese Stelle vorgelesen wurde, frage ich die Kinder, ob sie auch Situationen kennen, in denen sie keine Kontrolle über ihre Schublade haben oder diese klemmt. Oder sich nicht mehr schließen lässt. Die Kinder werden gefragt, ob sie Tipps für die anderen haben und erzählen, was ihnen geholfen hat. Daraus entstehen oftmals interessante Gespräche. Anschließend können sie auf ein Blatt Papier mit einem leeren Kreis ein Emoji für das Gefühl malen, das sie verspüren, wenn es mal klemmt und nicht mehr weggeht. Auf der anderen Seite des Blattes haben sie die Möglichkeit, sich einen Tipp aufzuschreiben oder aufzumalen, den sie von anderen Kindern aus der Stunde für sich mitnehmen und ausprobieren wollen.

Am Ende der Stunde sage ich den Kindern, dass wir nicht mit allen klemmenden Schubladen oder Gefühlen, die sich für uns nicht gut anfühlen, selbst fertig werden müssen oder können. Ich sage ihnen, dass sie in so einem Fall auch die Möglichkeit haben, mit jemandem darüber zu reden. Das kann ein Freund oder eine Freundin sein, Mama, Papa oder eine andere erwachsene Person. Wenn es aber ausgerechnet eine Situation mit dieser Vertrauensperson ist, die belastet, oder wenn die Kinder in der Schule merken, dass sie zeitnah jemanden zum Reden brauchen, steht mein Gesprächsangebot.

Nimmt ein Kind das Seelsorgeangebot an und kommt in meine Seelenvogelsprechstunde zum Einzelgespräch, gehe ich darin auch auf die Seelenvogelstunde ein, die zuvor in der Klasse stattgefunden hat. Wurde eine klemmende oder sich selbstständig öffnende Schublade identifiziert, kann ich auch auf Problemlösestrategien der Mitschüler eingehen. Kinder brauchen eine Person, die ihnen zuhört und mit ihnen gemeinsam nach Möglichkeiten sucht, wie die Schublade wieder einrasten kann. Das sage ich den Mädchen und Jungen auch deshalb, weil viele von ihnen berichten, dass sie sich meist an ihre Mutter wenden, wenn es ihnen nicht gut geht (in meiner Funktion als Schulseelsorgerin stehe ich dazu in keiner Konkurrenz).

Am Ende der Stunde bitte ich die Kinder, nochmal ihre derzeitigen Gefühle darzustellen. Wer mag, kann dazu den »Seelenvogel« aus Holz passend zu seinem Gefühl auswählen, den kleinen Schubladenschrank oder die Gefühlsbilder im Kreis nutzen. Die Teilnehmenden werden aufgefordert, diese Gefühle mit denen vom Beginn der Stunde zu vergleichen. Hat sich etwas geändert? Wenn ja, was? Sind die Gefühle gleichgeblieben? Hierbei geht es allein um Wahrnehmung und darum, wieder ganz bei sich selbst sein.

Egal, ob man nun den »Seelenvogel« oder vielleicht auch ein anderes Bild oder gar Bilderbuch zur Vorstellung der Schulseelsorge nimmt: Ich habe die Erfahrung gemacht, dass es für die Kinder immer wieder einer Vergegenständlichung bedarf. Dieser Fakt gilt also nicht nur im Unterricht, sondern auch in der Schulseelsorge. Beim Versuch der Erklärung des schulseelsorgerlichen Beratungsangebotes hilft es immer, ein Bild zur Hand zu haben, welches man zur Erklärung nutzen kann. Ich lade Sie also an dieser Stelle ein, sich selbst auf den Weg zu machen und zu überlegen, auf welchem Weg Sie den Kindern an Ihrer Schule Ihr Angebot vorstellen können. Vielleicht ist es auch Ihr Weg, zunächst meine Idee des »Seelenvogels« aufzugreifen und für sich und Ihre Umgebung passend abzuwandeln. Ich mache Ihnen hier Mut, sich auf die Suche zu begeben und sich nicht durch negative Erfahrungen vom Weg abbringen zu lassen.

Nachdem der »Seelenvogel« als Synonym für Gefühle und Haltungen eingeführt wurde, kann er sehr gut weiterverwendet werden. Kurz nachdem ich den »Seelenvogel« in einer Klasse vorgestellt hatte, wurde die Klassenlehrerin sehr krank, sodass sie keinen Unterricht mehr erteilen konnte. Die Klasse hatte plötzlich keine enge Bezugsperson mehr. So nahm ich mir den »Seelenvogel« und meine Schubladen und ging mit ihnen auf Besuch in diese Klasse.

4.2 Der »Seelenvogel« fühlt sich nicht wohl – was tun, wenn die Klassenlehrerin plötzlich fehlt?

Organisatorischer Rahmen

An meiner Schule bekam ein Mitglied unseres Kollegiums eine Krankheit, die die Arbeit als Lehrerin nicht mehr zuließ. Die Kollegin konnte sich nicht von ihrer eigenen Klasse verabschieden. Die Kinder hatten also von jetzt auf gleich keine Klassenleitung mehr und wurden von wechselnden Vertretungslehrkräften unterrichtet. Diesen war es nicht möglich, die Klasse im Hinblick auf den Verlust ihrer Lehrerin mit aufzufangen. Deshalb bot ich an, die betroffenen Schülerinnen und Schüler schulseelsorgerlich zu begleiten. Das bedeutete für mich zunächst einmal, mit der ganzen Klasse zu arbeiten.

Die Kinder hatten bei mir im vergangenen Schuljahr bereits die Einführungsstunde zum »Seelenvogel« erlebt. Deshalb wollte ich an dieses Bild anknüpfen. Wichtig war es mir hierbei, nicht eine Reli- oder Ethikstunde zu nutzen, bei der auch die Parallelklassen dabei waren. Denn in diesem Fall handelte es sich um ein Thema, das ausschließlich diese eine Klasse betraf. Die Kinder durchliefen einen gemeinsamen Prozess.

Ich habe die Stunde bewusst im Klassenzimmer stattfinden lassen, da dies der Ort war, an dem die Schüler sich die meiste Zeit aufhielten. Außerdem hatten sie dort die Nachricht über die Krankheit ihrer Lehrerin erhalten. Das Klassenzimmer war also ein Ort, den sie bewusst oder unbewusst vielleicht auch mit den Gefühlen verbanden, welche sie bei Überbringung der Nachricht empfunden hatten. Ich wollte in diesem Raum Platz für Neues schaffen. Hoffnung säen. Dies ist natürlich nicht in jedem Fall geboten, in welchem die Schülerinnen Gefühle mit einem bestimmten Raum verbinden. Gerade wenn es um den Tod von nahestehenden Personen geht, würde ich bewusst einen anderen Raum nutzen. In dem Fall dieser Klasse schien es mir jedoch richtig, so zu handeln.

Zu Beginn der Stunde versammelten wir uns im Sitzkreis, in welchem ich auch schon die Seelenvogelbilder ausgelegt hatte. Ich begrüßte die Kinder und erklärte ihnen, dass wir uns über unsere Gefühle unterhalten wollen. Dass es dabei nicht um irgendwelche Gefühle geht, sondern ganz konkret um diejenigen, die die Kids aufgrund der Nachricht über die Erkrankung ihrer Lehrerin empfunden haben. Außerdem sprachen wir darüber, dass dies ein geschützter Raum sei. Wenn Kinder merkten, dass es ihnen zu viel wurde, hatten sie die Möglichkeit, in den Nebenraum zu gehen und sich dort still zu beschäftigen. Dort lagen Stifte und Papier, Bücher und Spiele bereit. Im geschützten Raum ist es in Ordnung, über alle Gefühle zu sprechen. Es gibt kein Richtig oder Falsch und wenn jemand weinen muss, ist das auch in okay. Taschentücher lagen bereit und tröstende Arme von Freunden fanden sich auch in der Klasse. Wieder traf ich hier die Verabredung mit den Kindern, dass das Gesagte den Raum nicht verlassen solle.

Gefühlsschubladen wahrnehmen und öffnen

Nach diesen einleitenden Worten bat ich die Kinder, sich einem Seelenvogelbild im Sitzkreis zuzuordnen, das ihren derzeitigen Gefühlen entsprach. Wer wollte, konnte über seine Gefühle reden. Anschließend stellte ich das Schränkchen mit den Schubladen in die Kreismitte. Die erkrankte Lehrerin hatte den Kindern einen Brief geschrieben, in welchem sie ihnen von ihrer Diagnose erzählte. So hatten die Kinder davon erfahren. Ich erinnerte die Schülerinnen und Schüler an diesen Moment, wer wollte, konnte nun einmal in sich hineinspüren. Ich bot ihnen die Möglichkeit, die Schublade des Schränkchens zu öffnen, welche ihre Gefühle am besten beschrieb. Fast alle Kinder machten mit. Einige sagten auch, wie sich gefühlt haben. Ich sah ihnen dabei zu, wie sie behutsam eine oder mehrere Schubladen öffneten. Viele entschieden sich für die Schublade ohne »Seelenvogel«. Ein Kind bedankte sich bei mir dafür, dass es diese Variante gab. Denn genau so sei es in ihm seit der Nachricht von der Lehrerin: Es könne nicht sagen, wie es sich fühle. Ich verglich seine Gefühle dann mit mehreren Fäden in einem Knäuel, in dem ein großes Wirrwarr von Gefühlsfäden zusammenliefe. Dass es einiger Arbeit bedürfe, ehe man die Fäden wieder trennen könne. Und dass wir das gemeinsam in der Seelenvogelsprechstunde gern besprechen könnten. Auch hierbei fragte ich die Kinder, was sie in den leeren Schubladen erwartet hätten, welche Gegenstände oder Farben für sie passend wären.

Die Kinder wussten, dass ich Schulseelsorgerin und Religionslehrerin bin. Angesichts des Leides, das sie gerade durchlebten, fand ich es wichtig, in dieser Stunde auf das Thema »Gebet« einzugehen und somit eine Möglichkeit vorzustellen, mit der alle Gefühle – egal, ob angenehme oder unangenehme – vor Gott gebracht werden können. Wichtig war es mir hierbei, zu zeigen, dass ich zwar selbst oft bete, aber niemand dazu gezwungen werden kann. Jeder darf frei entscheiden, ob er oder sie davon Gebrauch machen möchte. Ich forderte die Kinder auf, allen unangenehmen Gefühlen und Gedanken in uns Raum zu geben und diese aufzuschreiben oder aufzumalen. Vielleicht auch als Gebet. Leider habe ich die Methoden der Gestalttherapie, welche ich in Kapitel 5.1 erläutere, erst kennengelernt, nachdem ich diese Stunde gehalten hatte. Ich kann mir vorstellen, hierbei auch Materialien zur Verfügung zu stellen, mit denen man besser handelnd arbeiten kann – zum Beispiel mit Ton oder Knete.

Die Kinder sollten mithilfe des Schreibens oder Zeichnens ihre Gefühle und Gedanken herauslassen und anschließend, wenn sie so weit waren, in den Mülleimer werfen. Falls die Kinder merken, dass sie die Gefühle und Gedanken an diesem Tag noch nicht loslassen können, kann dies auch zu einem späteren Zeitpunkt geschehen. Es ist wichtig, dass Emotionen nicht in uns feststecken. Wir müssen ein Ventil für sie finden. Viele Kinder sprachen währenddessen mit den anderen darüber, was sie gerade aufschrieben. Auch das ist ein Ventil. Unsere Sprache. Wer möchte, kann anschließend darüber sprechen, was er oder sie aufgeschrieben hat. Es kam natürlich auch die Angst zur Sprache, dass die Lehrkraft an dieser Krankheit sterben könnte. Dabei fand ich es wichtig, nichts zu beschönigen und klein zu reden: »Ja, es besteht die Möglichkeit. Aber es gibt immer noch die Hoffnung, dass es nicht so weit kommt. Und auch der Tod ist für Menschen, die an Gott glauben, nicht der Endpunkt des Lebens. Sondern ein Doppelpunkt, nachdem Menschen in der Ewigkeit bei Gott weiterleben können.«

Der Hoffnungsbaum

Dieser Prozess war sicherlich hart für einige Kinder. Ich öffnete anschließend das Fenster, damit wir alle einmal tief durchatmen und uns strecken konnten. Vielleicht kann hier auch eine kleine Massage erfolgen, um sich selbst etwas Gutes zu tun. Mir war es wichtig, die Kinder nicht mit dieser Beklommenheit, welche die Beschäftigung mit den eigenen Gefühlen und Gedanken mit sich gebracht hat, unkommentiert allein zu lassen. Ich führte sie zurück in den Sitzkreis und erklärte, dass wir nun gemeinsam einen Hoffnungsbaum gestalten würden. Denn neben all den unangenehmen Gedanken und Gefühlen tragen wir Menschen immer noch einen großen Schatz in uns – und der heißt Hoffnung. Ich hatte die Umrisse eines großen Baumstammes mit Ästen und Wurzeln aus Tonpapier an die Tür geklebt. Für die Kinder hatte ich Blätter in verschiedenen Größen und Grüntönen vorbereitet, auf welche sie gute Wünsche und ihre Hoffnungen malen oder schreiben konnten. Anschließend versammelten wir uns wieder im Sitzkreis und jeder konnte sein Blatt zeigen, wer mochte, auch freiwillig etwas dazu sagen. Danach durfte jeder sein Blatt am Hoffnungsbaum befestigen.

Die Stunde schloss damit, dass sich die Kinder nochmals im Sitzkreis den Seelenvogelbildern zuordnen konnten. Einige stellten fest, dass sie ihre Plätze gewechselt hatten. Andere meinten, dass sie nun dem Seelenvogelbild vor ihnen ganz andere Gefühle zusprechen würden. In den meisten Schülerinnen und Schülern hatten sich die Gefühle verändert. Da einige ihre Zettel mit den unangenehmen Gefühlen behalten hatten, erinnerte ich sie daran, dass diese weggeschmissen werden konnten, sofern sie diese loslassen könnten. Wer gemerkt hat, dass sich bei ihm oder ihr immer nur die Schublade ohne »Seelenvogel« öffnet, den lud ich ein, mit mir gemeinsam das Knäuel zu entwirren. Auch allen anderen Kindern, die gespürt haben, dass sie gern noch mal darüber reden würden, lud ich zu mir in die Sprechstunde ein.

Die Arbeit mit dem »Seelenvogel« und den Gefühlen lässt sich für mich auch auf andere Situationen übertragen. Es ist so wichtig, eine Möglichkeit zu geben, über Gedanken und Gefühle zu sprechen oder ihnen anderweitig Ausdruck zu verleihen. Auch wenn ein Kind das erst mal nicht kann oder mag, kann es an dieser Stunde teilnehmen und für sich selbst – für später, wenn es so weit ist – Anregungen mitnehmen.

Im folgenden Unterkapitel folgt nun die Verwendung des »Seelenvogels« im Umgang mit Gedanken und Emotionen, welche bei der Nachricht eines nahen Krieges in uns Raum einnehmen.

4.3 Der »Seelenvogel« ist betroffen – Umgang mit Krieg

Zu dem Zeitpunkt, zu dem ich dieses Buch schreibe, treibt mich und unsere Schulgemeinschaft gerade ein Thema um: Der Krieg in der Ukraine. Da dieser nun in Europa und damit fast in unmittelbarer Nachbarschaft zu unserem eigenen Land stattfindet, ist dieses Thema meines Erachtens auch für die Grundschule relevant. Sätze wie: »Man sollte den Kindern den Teufel nicht an die Wand malen« und »Kinder sollten sich nicht mit Krieg beschäftigen«, sind in meinen Augen falsch. Fakt ist, dass in einer Zeit, in der Kinder Zugang zu vielen Medien haben – sei es durch Radio, Fernseher, Handy, Tablet oder Computer – viel häufiger Zugang zu Informationen besitzen, mit denen sie noch nicht umgehen können. Sie hören und sehen Nachrichten, die auch uns Erwachsene gerade umtreiben, beschäftigen und ängstigen. Selbst in den Fällen, in denen Kinder noch nicht unmittelbar auf die genannten Medien zugreifen können, haben sie doch Kontakt zu den Erwachsenen um sich herum. Kinder haben sensible Antennen für unsere Gefühle. Sie lauschen unseren Gesprächen mit offenen Ohren – auch wenn wir nicht damit rechnen. Auf diesen unterschiedlichen Kanälen bekommen sie also jede Menge Informationen über einen Krieg, der irgendwo nahe an Deutschland stattfindet und basteln sich in Gedanken ihr eigenes Konstrukt dieses so vielschichtigen Themas. Dieses Konstrukt, diese Erklärung der aktuellen Lage, die sich die Kinder nun zurechtlegen, kann nicht vollständig sein oder der Wirklichkeit entsprechen. Denn meist haben die Kinder ihre eigenen inneren Bilder nicht mit Erwachsenen besprochen. Vorstellungen geistern in ihrem Kopf herum und Gedanken, die diese Bilder miteinander verknüpfen, kommen dazu. So können in der Gedankenwelt der Kinder Szenarien entstehen, die beängstigend sind und sie eigentlich überfordern. Aus diesem Grund halte ich das Gespräch mit ihnen für wichtig.

Umgang mit Krieg – ein Handlungsleitfaden für Kollegen und Kolleginnen

Ich habe deshalb für mein Kollegium einen Handlungsleitfaden geschrieben, mit welchem die Lehrkräfte mit den Kindern ins Gespräch kommen konnten. Dabei habe ich in unserem Fall zwischen den Eingangsstufenklassen (Vorschule und 1. Klasse) sowie dem 2., 3. und 4. Jahrgang unterschieden. Die Schulleitung hatte vorab die Eltern der Kinder informiert, dass wir den Krieg im Unterricht im Rahmen der Schweigeminute für die Menschen in der Ukraine thematisieren würden. Durch diese offene Kommunikation hatten die Eltern die Möglichkeit, bei Bedarf zunächst selbst mit ihren Kindern zu sprechen oder aber der

Klassenlehrerin ein Signal zu geben, dass das eigene Kind momentan mit diesem Thema überfordert sei.

In meinem Handlungsleitfaden warb ich dafür, dass die Klassenlehrer dieses Thema selbst mit den Kindern besprechen und es nicht an die Religions- oder Ethiklehrerinnen abgeben sollten. Ich erklärte weiter, dass der Klassenlehrer in der Regel die meisten Stunden mit der Klasse verbrächte und somit eine wichtige Bezugsperson sei. Außerdem vermittele er Stabilität und Sicherheit. Zugleich ist es wichtig, dass sich die Lehrerin damit wohlfühlt und nicht selbst in Ängsten und Ohnmachtsgefühlen gefangen ist. Auch hier stehe ich als Schulseelsorgerin zur Verfügung.

Worin unterschieden sich nun meine Empfehlungen an ältere und jüngere Schüler? In meinem Fall habe ich in der Länge der Unterrichtsstunde differenziert, denn die Aufmerksamkeitsspanne der jüngeren Kinder ist natürlich wesentlich kürzer. Außerdem habe ich gerade in den Eingangsstufenklassen (in anderen Schulen würde man von »Vorklassen« oder gar dem letzten Kindergartenjahr sprechen) empfohlen, die Thematisierung des Krieges in der Ukraine vom Interesse der Kinder abhängig zu machen. Wenn also der Klassenlehrer hört, dass sich die Kinder darüber unterhalten und sich damit auseinandersetzen, sollte man das auch aufgreifen. Wenn das Thema gerade keine Rolle im Leben der Schülerinnen spielt, der Klassenlehrer aber später hört, dass es brisant ist, kann er es zu diesem Zeitpunkt aufgreifen.

Sanfter Einstieg und Sachinformation

Ich habe dem Kollegium eine vorbereitete Unterrichtsstunde an die Hand gegeben, deren Elemente sie nutzen konnten. Angefangen hatte ich mit einem sanften Einstieg. Ich fragte die Kinder, ob sie innerlich gerade von bestimmten Gedanken nicht loskämen. Gedanken, die sie vielleicht belasteten und ihnen schwer wie ein Stein auf dem Herzen lägen. An dieser Stelle kann man nachhelfen, indem man die Gedanken auf aktuelle Nachrichten lenkt. Daran anknüpfend kann das Unterrichtsthema vorgestellt werden. Den Kindern wurde außerdem das Angebot gemacht, bei allzu belastenden Informationen den Raum zu verlassen. An unserer Schule waren wir in der komfortablen Lage, Personal für diese Aufgaben zur Verfügung stellen zu können. Unsere Sozialpädagogin und ich als Schulseelsorgerin hatten in separaten Räumen verschiedene Angebote vorbereitet. Auf meins gehe ich später noch näher ein.

Ich finde es an solchen Tagen bzw. für solche Stunden wichtig, den Kindern die Möglichkeit eines Schutzraumes zu bieten, in den sie sich zurückziehen können. Wir haben an den Schulen viele direkt betroffene oder weitläufig betroffene

Kinder, in denen das Thema Krieg Erinnerungen und damit verbundene Emotionen aufwühlt. Dem ist sensibel zu begegnen.

Anschließend war es wichtig, gesammelte Sachinformationen weiterzugeben, welche die Kinder einerseits nicht überforderten, andererseits aber auch sachgerecht informierten. Ich selbst suchte mir dabei auch Hilfe auf einschlägigen Plattformen mit Nachrichten, die für Kinder aufbereitet wurden. Dieser Schritt der Weitergabe gesicherter Informationen ist sehr wichtig. Die Kinder haben viele verschiedene Informationen bekommen und diese in ihren Köpfen miteinander verknüpft. Nicht wenige der daraus entstandenen Rückschlüsse entbehren der Realität. Deshalb ist es wichtig, den Schülerinnen und Schülern durch diese Informationen eine andere Basis zu geben.

Fragen, Sorgen und Ängste thematisieren

In einem nächsten Schritt sollten die Kinder sich zunächst selbst oder mit einem Partner Gedanken machen, ob es für sie nach der Information durch die Lehrkraft noch offene Fragen gab. Vorab wurde ihnen gesagt, dass sie alle Fragen stellen dürften. Es gibt hierbei keine falschen Fragen. Den Lehrkräften hatte ich zu dieser Sequenz geschrieben, dass es legitim sei, auf eine Frage mit »Ich weiß es leider auch nicht« zu antworten. Andererseits sollte auch hier ehrlich geantwortet werden, denn sicherlich würden Fragen wie die nach dem möglichen Tod von Menschen kommen. Wichtig ist dabei, dass den Kindern vermittelt wird, dass für sie keine unmittelbare Bedrohung besteht.

In der anschließenden Sequenz wurde in den höheren Klassen mit dem Thema »Angst« gearbeitet. Zunächst habe ich die Kinder dabei von den Seelenvogelbildern ein Bild wählen lassen, welches für sie einen ängstlichen Vogel zeigt. Manchmal fühlt sich Angst aber auch nicht wie ein Vogel, sondern schon eher wie ein Monster an. Dazu nutzte ich eine Verbildlichung, da die Angst sonst immer so ein namenloses Gefühl ist, das wir dennoch alle gut kennen. Im Buch »Monster-Besuch. Noch mehr kleine Alltags-Schrecken« von Catarina Knüvener (2019) fand ich eine meines Erachtens nach passende Darstellung zum »Schreck« für die Kinder. Das Bild zeigt ein längliches, grünes Monster, das sehr lange Tentakeln hat. Der Angst kann somit ein Gesicht gegeben und ein Stück weit die Macht genommen werden. Dabei ist auch die Art der Vorstellung durch die Lehrkraft wichtig. Ich wollte die Angst der Kinder ernst nehmen, ihr ein Gesicht geben, sie dabei aber nicht überzeichnen und noch gruseliger machen, als sie sich sowieso schon anfühlt. Das schaffte ich, indem ich die Schüler und Schülerinnen gut im Blick behielt, wenn ich von der Angst redete und das Bild präsentierte. Nachdem der Angst ein Gesicht gegeben worden war, durften die

Kinder einmal sagen, was ihnen zu dem Zeitpunkt Angst machte. Das konnte auch vom Lehrer aufgeschrieben oder aufgemalt werden. Ich sagte den Schülern, dass es oft eine große Hilfe sei, die Angst herauszulassen – zu weinen, zu schreien, darüber zu reden oder sie aufzumalen bzw. aufzuschreiben. Denn so könne das »Angstmonster« in unserem Kopf die Angst nicht mehr mit seinen Tentakeln festhalten. So entzogen wir dem schlechten Gefühl den Nährboden. Das Angstmonster wurde an die Tafel geheftet und darunter stand ein Papierkorb. Nachdem die Angst der Kinder aufgeschrieben wurde, konnte die Lehrerin zeigen, wie sie am Angstmonster an der Tafel abprallte und in den Müll fiel. Die Kinder konnten dann selbst ihre Zettel zerknüllen und gegen das Monster werfen, sodass der Zettel nach unten in den Müll fiel.

In den unteren Klassen spreche ich lieber von »Sorgen«. Das »Angstmonster« oder Gespräche über die Angst würden hier meines Erachtens nach Ängste wecken oder hervorrufen, die teilweise noch gar nicht da sind. Als Visualisierungshilfe verwendete ich also das Kuscheltier des »Sorgenfressers«, welches einen großen Reißverschluss anstelle eines Mundes hat, in den wir unsere Sorgen stopfen konnten. Dazu sammelte ich die Sorgen der Kinder auf Notizzetteln. Anschließend durften sie dem Sorgenfresser die Zettel in den Mund stecken. Sowohl das Werfen der Ängste in den Müll als auch das Füttern des Sorgenfressers mit den Sorgen ist ein wichtiger Akt, denn den Kindern wird hier die Möglichkeit des Handelns gegeben. Hierbei sollte aber auch nicht verschwiegen werden, dass es ganz schön anhängliche Ängste oder Sorgen gibt. Und wenn sie uns weiterhin belasten oder uns wie ein Stein auf dem Herzen liegen, dürfen wir darüber reden – ob mit der Mama, dem Papa oder der Schulseelsorgerin.

Die Perspektive der Hoffnung

Wichtig ist es mir, an dieser Stelle zu erwähnen, dass die Kinder keineswegs mit Gefühlen der Angst oder Sorge in die nächste Stunde oder Pause geschickt werden sollten. Sie brauchen die Perspektive der Hoffnung und die Möglichkeit, Wünsche zu äußern. So können sie ein Stück weit in die Selbstwirksamkeit zurückgeführt werden.

In einer letzten Sequenz halte ich es für dementsprechend wichtig, auf die Hoffnungen und Wünsche der Kinder einzugehen. Für mich ist es immer noch ein wichtiges Pfund des christlichen Glaubens, dass wir Hoffnung haben dürfen. Hoffnung darauf, dass Gott mitten im Leid, in Angst und in Nöten bei uns ist. Dass er bei den Menschen ist, die sich gerade in einem Krieg befinden. Zum Abschluss durften die Kinder also wieder ein Bild aus den Seelenvogelbildern auswählen – dieses Mal einen hoffnungsvoll aussehenden.

Hoffnung ist für mich eng mit Wünschen verbunden, auf die sie sich richtet. Solche Wünsche konnten die Schülerinnen beispielsweise auf kleine Friedenstauben aus Pappe schreiben. Diese wurden dann im Klassenzimmer ausgestellt, an einem großen Ast, von welchem sie als Mobile herunterhängen konnten. So waren die Wünsche weiterhin präsent. Die Vorlagen der Friedenstauben konnte man dann in Nähe der ausgestellten liegen lassen und bei Bedarf weiter beschriften und ebenfalls ausstellen. Am Ende der Stunde bat ich meine Kollegen, die Kinder nochmals auf das Angebot der Schulseelsorge, Einzelgespräche mit mir zu führen, aufmerksam zu machen. Am nächsten Schultag ging ich noch einmal persönlich durch die höheren Klassen und lud dazu ein, während bestimmter Pausen in die Friedensoase und in meine Sprechstunde zu kommen. Dafür fertigte ich einen Aushang an, den ich in jedem Klassenzimmer aufhängte.

Ein Ort für Sorgen, Hoffnung und Ruhe

Zu Beginn dieses Unterkapitels habe ich geschrieben, dass ich für die Kinder, welche sich vom Thema »Krieg« sehr belastet sahen, ein besonderes Angebot hatte. Dabei nutzte ich wieder unseren Raum der Stille, den »AndersOrt«. In ihm funktionierte ich die Klagemauer zu einem Ort für Ängste und Sorgen um, der »Dankeswald« wurde zum »Wald der Wünsche«. Diese Orte griffen bewusst die im Unterricht behandelten Sequenzen auf, denn der Raum sollte nicht nur an diesem Tag, sondern auch in den nächsten Wochen als »Friedensoase« genutzt werden. Eine Friedensoase, in der Raum für Ängste, Sorgen, Wünsche und Hoffnungen war. Aber auch ein Raum, in dem die Möglichkeit bestand, der Ohnmacht Handlungen entgegenzusetzen. Ich stellte eine große Box mit Bodenlegematerial wie Holzbausteinen in verschiedenen Farben und Formen, sowie Tücher in verschiedenen Farben mit der Einladung zur Verfügung, ein Friedensbild zu legen. Außerdem habe ich verschiedene Mandalas und Ausmalbilder zum Thema Frieden ausgelegt. Diese konnten die Kinder mit Buntstiften gestalten oder selbst ein Bild oder ein Mandala zeichnen. Diese wurden dann an eine leere Wand im Raum gehängt, die ich mit »Friedenswand« überschrieb. In der Friedensoase gab es auch die Gelegenheit, sich auszuruhen. Große Kissen sowie ein Traumschwinger luden dazu ein. An diesem Tag war ich komplett aus dem Unterricht ausgeplant und in der Friedensoase ansprechbar. Die Möglichkeit der kleinen Auszeit wurde von vielen Kindern genutzt. Einige wollten reden, andere wollten sich einfach nur still beschäftigen. Unsere Sozialpädagogen hatten währenddessen ein großes Bastelangebot vorbereitet, bei welchem die Kinder kreativ mit verschiedenen Papieren und Materialien arbeiten konnten. Ich fand es sehr gut, dass es genau diese Mischung gab, die verschiedene Typen ansprach. Die meisten Kinder konnten schon sehr gut abwägen, was sie gerade brauchten. Wenn die Klassenlehrerin eine gute Bindung zum Kind aufgebaut hat, kann sie außerdem nachfragen, welche Mitschüler das Angebot seiner Meinung nach gut gebrauchen könnten. Wenn Kinder von Krisen direkt oder indirekt betroffen sind, ist der »Seelenvogel« als Sinnbild für Emotionen und Gefühle eher weniger im Einsatz. Dennoch geht es bei solchen Situationen genau darum: Von der Gefühlsstarre und eigenen Ohnmacht wieder ins Fühlen und Wahrnehmen zu kommen.

4.4 Der »Seelenvogel« in der Krise - Krisenintervention an Grundschulen

Im Unterkapitel 2.1 habe ich bereits aufgezeigt, was in diesem Kontext unter einer Krise zu verstehen ist und dass Krisenintervention in der Schulseelsorge angesiedelt ist. In der Landeskirche, welcher ich angehöre, gibt es einen Unterschied zwischen »Krisenintervention« und »Krisenseelsorge«. Krisenintervention kann ich als Schulseelsorgerin an meiner eigenen Schule ausüben. Man braucht dafür - außer der Weiterbildung zur Schulseelsorgerin - keine weiteren Qualifikationen. Im Falle von Krisenseelsorge hingegen gehen speziell dafür in einem Weiterbildungskurs geschulte Krisenseelsorger an Schulen, an denen sich ein Krisenfall ereignet hat, und welche nun externe Hilfe benötigt. Als Schulseelsorgerin gilt es für mich, zu prüfen, ob ich selbst zu den »Betroffenheitskreisen« gehöre, auf die ich später noch detaillierter eingehen werde. Bin ich selbst betroffen, kann ich nicht objektiv in meiner Rolle als Schulseelsorgerin handeln. In solchen Fällen habe ich die Möglichkeit, mir externe Hilfe durch die Krisenseelsorge zu holen. Den Grad meiner Betroffenheit kann ich mit einigen Fragen selbst reflektieren:

- Erkenne ich in meiner eigenen Lebensgeschichte Ereignisse, die mich an dieses Krisenereignis erinnern und mich emotional sehr stark berühren oder beeinträchtigen?
- Bin ich psychisch stabil genug zur Mitarbeit im Krisenteam?
- Brechen bei mir eigene Erlebnisse auf, deren Bearbeitung noch nicht erfolgte? (Vgl. Barkowski 2010, S. 2)

Kann ich diese Fragen nicht ausnahmslos negativ beantworten, muss ich von einer Arbeit »an vorderster Front« des Krisenteams meiner Schule in der aktuellen Situation absehen. Ich kann zwar mitarbeiten, werde mich aber beispielsweise nicht um die primär betroffenen Personen kümmern können.

In einem solchen Fall gibt es für mich durch meine Landeskirche in Kooperation mit der katholischen Kirche die Möglichkeit, sich externe Unterstützung zu holen. Dafür haben die Schulleitungen eine bestimmte Telefonnummer erhalten. In anderen Landeskirchen gibt es meist auch Ansprechpartner, welche den Schulleitungen bekannt sind. Die Möglichkeit, externe Hilfe in Anspruch zu nehmen, besteht für alle Schulen unabhängig davon, ob es Schulseelsorgende an der Schule gibt oder nicht. In einem solchen Falle kann man im Internet[8] Hilfe erhalten. Außerdem können auch verschiedene Träger wie das Deutsche Rote Kreuz oder der Arbeiter-Samariter-Bund kontaktiert werden, welche Mitglieder verschiedener örtlicher Kriseninterventionsteams sind.

Gerade in Zeiten der Krise wendet sich die Schulleitung oft an die Schulseelsorge oder auch die Religionslehrkräfte, falls es keine Schulseelsorgenden gibt. Tod und Trauer, Schuld, Verlustängste, der Verlust selbst sind immer noch Themen, für die in unserer Gesellschaft bei all ihrer Offenheit noch keine Sprache gefunden wurde. Und dies, obwohl wir wissen, dass jedes Leben endlich ist und sich jeder irgendwann mit Abschied und Tod konfrontiert sieht (vgl. Hauck 2010, S. 1). Der christliche Glaube kann hier ein Anker sein, denn Jesus selbst erlebte eine Krise, als er starb, und verfügte über Wissen zur Bewältigung von Krisenerfahrungen (S. 1). Barbara Hauck (2010) schreibt in ihrem Artikel »Kirche begleitet Menschen in Krisen« das Agieren der Seelsorge folgendermaßen: »Sich diesem Elend auszusetzen, statt vorschnell zu reden, zu deuten, zu handeln oder zu heilen – das ist Zumutung und zugleich die Chance der Seelsorge« (S. 1). Ich finde in diesem Zitat sehr gut zusammengefasst, was Seelsorge in Krisen geben kann. Im christlichen Glauben habe ich als Schulseelsorgerin die Möglichkeit, mich mit all meinem Kummer und Schmerz, mit meinen Fragen, ja sogar Schuldgefühlen an jemanden zu wenden, der für mich immer verfügbar und ansprechbar ist. Gefühlen der Schuld wird ein Ort angeboten, an dem ich sie abladen kann. Der Glaube an ein Leben nach dem Tod gibt eine Perspektive, die nicht mit dem Verstand erklärt werden kann. Der Glaube an jemanden, der größer ist als ich selbst, und als dieser immer noch die Macht hat, wenn ich mich ohnmächtig fühle, kann mir in dieser Zeit eine große Stütze meiner inneren Widerstandskraft sein. Trotz Macht und Größe hat dieser Gott die Erfahrung menschlichen Lebens und Leidens durchlebt. Dieses Angebot des christlichen Glaubens und der christlichen Perspektive sehe ich als einen großen Schatz an.

8 www.notfallseelsorge.de (Zugriff am 3.5.23).

Nun habe ich hier schon oft das Wort »Krise« benutzt, ohne diesen weit gefassten Begriff durch Beispiele für Krisen zugänglicher zu gestalten. Das soll nun im nächsten Unterkapitel geschehen. Außerdem möchte ich gern skizzieren, wie präventive Arbeit zur Krisenintervention aussehen kann.

Arten von Krisen und präventive Krisenvorbereitung

Welche Arten von Krisen gibt es nun in Grundschulen? Die naheliegendsten sind Todesfälle oder Suizide in der unmittelbaren Umgebung der Schulgemeinschaft. Das kann Lehrkräfte, die Schülerschaft oder Eltern betreffen. Des Weiteren können auch Unfälle mit Toten oder Verletzten eine Krise darstellen oder Naturkatastrophen wie die Flutkatastrophe im Ahrtal. Zielgerichtete Gewalttaten wie Amokläufe und Geiselnahmen geschehen im Umfeld von Grundschulen in Deutschland eher weniger. Mein Handlungsspielraum als Schulseelsorgerin ist aber nicht nur von der Art der Krise, sondern auch vom Grad meiner Betroffenheit abhängig.

Für den Fall einer Krise gilt es, vorbereitet zu sein und präventive Absprachen mit der Schulleitung zu treffen. Gerade an Grundschulen wird bei »Krise« oft an Amok oder Suizid gedacht. Beim Gedanken an Prävention für diese Zeiten der Krise wird dann oft gesagt, dass die Grundschulen ja nur selten bis gar nicht vorkämen. Wie oben aufgezeigt, kann es sich bei einer Krise aber auch um andere Umstände handeln, die den Lebensraum Grundschule betreffen. Dabei sind dann nicht nur Schulleitung, Kriseninterventionsteam und Schulseelsorge verantwortlich. Auch das Kollegium ist betroffen, muss agieren und somit in die präventive Arbeit einbezogen werden. Ihm sollten einmal jährlich wenige Elemente der Krisenintervention vorgestellt werden, sodass das es im Falle einer Krise handlungsfähig ist und bestenfalls Sicherheit vermitteln kann. Auch ich als Schulseelsorgerin sollte hierfür präventiv ein Netzwerk erstellen. Ich habe also eine Liste mit Kontaktmöglichkeiten wichtiger Einrichtungen mit Fachleuten, die in einem solchen Fall helfen könnten und eine wichtige Ressource sind. Netzwerk bedeutet aber auch, dass ich mit diesen Experten im Idealfall schon mal im Kontakt war und mich dort zum Beispiel als Schulseelsorgerin der »Grundschule XY« vorgestellt habe. Wenn ich einen Kontakt erst herstellen bzw. aufbauen muss, bindet das auch ein Stück meiner Kräfte im Krisenfall.

Die oben erwähnte gut funktionierende Kommunikation zwischen Schulleitung und dem Kriseninterventionsteam, in welchem der Schulseelsorger im besten Fall auch selbst Mitglied ist, ist eine wichtige Basis. Während die offizielle Kommunikation sowie Organisation über die Kanäle der Schulleitung läuft, ist die Aufgabe der Schulseelsorgerin eine andere. Die Begleitung von Kollegen,

Klassen, Schülerinnen oder Eltern ist hierbei maßgeblich. Dies sollte so auch in einem Krisenplan der Schule geschrieben stehen.

In den nächsten beiden Unterkapiteln werde ich zunächst verschiedene hilfreiche Modelle vorstellen, mit Hilfe derer eine gewisse Systematik in das Vorgehen bei Krisen gebracht werden kann. Außerdem unterscheide ich verschiedene Arten von Krisen. In einem Fall ist mein schulseelsorgerliches Handeln gefragt, in dem anderen bin ich nicht unmittelbar involviert.

Betroffenheitskreise

Um zu sehen, wer welches Maß an Aufmerksamkeit und Beachtung braucht, muss ich die sogenannten »Betroffenheitskreise« beachten (Engelberth u. Storath 2002, S. 25). Betroffenheitskreise kann ich mir wie konzentrische Kreise vorstellen. In der Mitte stehen die Menschen, die direkt von der Krise betroffen sind: Angehörige der verstorbenen Person oder bei Unfällen auch Unfallzeugen. Außerdem zählen Menschen mit traumatischen Erfahrungen dazu. Die Personen dieser Gruppe muss ich gut im Blick behalten, denn sie zeigen am häufigsten Auffälligkeiten und benötigen oftmals Hilfe. Im zweiten, etwas weiter von der Mitte entfernten Kreis stehen Menschen, welche die unmittelbar von der Krise betroffenen Personen kennen: Geschwister, Schüler der betroffenen Klasse, Freundinnen, Eltern und Lehrkräfte.

Zum dritten Kreis gehören Menschen, die die unmittelbar von der Krise betroffenen Personen kennen oder einfach betroffen von der Tatsache sind, dass jemand einen Unfall hatte bzw. gestorben ist, aber nicht ganz so nah am Geschehen sind wie die Menschen aus dem zweiten Kreis. Das können entferntere Verwandte wie zum Beispiel Cousinen und Cousins sein oder auch Bekannte des Betroffenen, Kinder derselben Jahrgangsstufe, Lehrer des Kindes oder Mitglieder des Schulleitungsteams.

Unter dem vierten und letzten Kreis sind Menschen versammelt, die die von der Krise betroffenen Personen kennen, wie beispielsweise Lehrkräfte an der Schule oder Kinder, die nichts mit der von der Krise Betroffenen zu tun hatten. Außerdem zählen weitere Menschen am Schulort zu diesem Kreis.

Unterschiedliche Schadenslagen

Damit man als Schulseelsorgerin weiß, wie man eingesetzt wird, oder in welchem Ausmaß man in seiner Rolle Unterstützung benötigt, unterscheidet der Schulseelsorger und Pfarrer Ernst Wittmann (2019) verschiedene Einsatzlagen. Im Rettungswesen tätige Menschen kennen den Begriff »Großschadenslage«[9]. Daran angelehnt unterscheidet Wittmann im Falle einer Krise in der Schule zwischen »Lage« (individuell empfundene Krise, die ich in Kapitel 2.1 erwähnt habe), »kleiner Lage«, »mittlerer Lage« und »großer Lage« (S. 1 ff.). Diese Unterscheidung empfinde ich als sehr hilfreich und werde sie nun weiter erläutern.

Bei einer *kleinen Schadenslage* kann es sich um die Nachricht einer schweren Erkrankung eines Elternteils, einen plötzlichen Todesfall innerhalb der Familie einer Schülerin oder einen Unfall eines Schülers handeln. Zum Einsatz können dabei Lehrkräfte, Schulleitung und Schulseelsorge kommen (S. 2).

Eine *mittlere Schadenslage* besteht zum Beispiel, wenn ein Schüler schwer erkrankt, stirbt, oder Augenzeuge eines Suizids wird, oder aber eine Lehrkraft oder ein anderes Mitglied des Schulpersonals (Hausmeister, Sekretärin) verstirbt (S. 3). Sie betrifft also fast die gesamte Schulgemeinde. Zum Einsatz kommen hierbei Klassenlehrerinnen, Schulleitung, Schulseelsorgende und unter Umständen das Krisenteam der Schule (S. 2).

Bei einer *Großschadenslage* ist die gesamte Schulgemeinde betroffen und meist die Polizei anwesend. Es kann sich dabei um den Tod eines Lehrers oder eines Mitglieds des Schulpersonals, ein schweres Busunglück auf Klassenfahrt, einen tödlichen Unfall einer Schülerin auf dem Weg zur Schule, einen Brand, eine Explosion oder einen Einsturz, eine Bombendrohung oder einen Amoklauf handeln (vgl. Wittmann 2019, S. 3). Es agieren das Krisenteam, die Notfallseelsorge (von außen) und gegebenenfalls die übergeordnete Einsatzleitung (S. 3). Da der Schulseelsorger in diesem Fall oftmals selbst betroffen ist, kann hier keine unmittelbare Verantwortlichkeit gefordert werden. Die unmittelbar betroffenen Personen sollten grundsätzlich am Tag der Krise nicht von ihm, sondern von ausgebildeten Krisenseelsorgerinnen begleitet werden.

Ihnen wird sicherlich aufgefallen sein, dass sich hier Situationsbeschreibungen wie der Tod eines Lehrers oder eines Mitgliedes des Schulpersonales doppeln und in mehreren Beschreibungen zu finden sind. Als Trennungskriterium kann ich an dieser Stelle schreiben, dass bei einer Großschadenslage oftmals der Einsatz externer Kräfte an der Schule – wie der Polizei und der Krisenseelsorge – erforderlich ist.

Die Möglichkeiten schulseelsorgerlichen Handelns in Krisen und das Handeln der Notfallseelsorge werde ich nun näher erläutern.

9 https://schnelleinsatzgruppe.de/grossschadensereignisse/ (Zugriff am 4.5.2023).

Schulseelsorgerliches Handeln bei kleiner Lage

Habe ich meine eigene Handlungsfähigkeit durch die eingangs erwähnten Fragen überprüft, fertige ich mir eine Übersicht über die Betroffenheitskreise an. Diejenigen, welche in der Mitte stehen und unmittelbar von der Krise betroffen sind oder traumatische Erlebnisse hatten, brauchen Nähe, Beziehung, Entlastung, Sicherheit und einen Ort, um Erregung abzubauen (vgl. Reddemann 2010, S. 7). Dabei ist es gut, wenn ich als Schulseelsorgerin den Kindern und auch dem Kollegium bekannt bin, denn das schafft Sicherheit.

Zunächst einmal geschieht alles Handeln in Absprache mit der Schulleitung. Ich spreche als erstes mit den Lehrkräften, in deren Klassen Kinder sind, welche zu dem unmittelbar betroffenen Personenkreis gehören. Ihnen sage ich, wann welche Informationen in welcher Art und Weise an die Schülerinnen und Schüler weitergegeben werden sollen (S. 9).

Gerade an Grundschulen, in denen Klassen oft eng an die Klassenlehrerin gebunden sind, ist diese eine wichtige Säule der Sicherheit. Deshalb ist es sinnvoll, dass ich im Vorfeld mit ihr spreche und frage, ob und womit sie unterstützen kann oder auch schon konkrete Unterstützung anbietet. Meine Aufgabe ist es in diesem Fall, die Gefühle und Reaktionen der Schüler im Blick zu haben und sie zu begleiten. Das ist auch der Grund, weshalb ich mir im Vorfeld Gedanken über die Betroffenheitskreise gemacht habe. Für die Klassenlehrerin, die die schlechte Nachricht überbringt, kann ich als Schulseelsorgerin entlastend wirken. Eine erste Aufgabe beim Handeln in Krisensituationen ist also das *Informieren* der betroffenen Kinder bzw. Klasse (S. 5).

Nachdem die Schüler die Botschaft gehört haben, ist es sehr wichtig, aufmerksam für die Bedarfe der Klasse zu sein. Es gilt zunächst, zu *stabilisieren* (S. 5). Diese Aufgabe übernehme ich als Schulseelsorgerin. Es ist wichtig, dass den Kindern Sicherheit vermittelt wird und sie diese zumindest im räumlichen Umfeld ihrer Schule oder ihres Klassenzimmers erfahren können (vgl. Ev.- Luth. Kirche in Bayern und Katholisches Schulkommissariat in Bayern 2018, S. 3). Die Schüler sollen wissen, dass sie in der Schule einen Ort und in vertrauten Erwachsenen wie ihren Klassen- oder Fachlehrerinnen und mir Personen haben, welche für sie da und immer ansprechbar sind (S. 3). Wichtig ist auch, den Kindern zu sagen, dass die von ihnen gezeigten Reaktionen und Gefühle in Stresssituationen normal sind und zugelassen werden dürfen (S. 3).

In der Stabilisierungsphase gebe ich den Kindern also die Möglichkeit, die Gefühle, die hochkommen, zuzulassen und auszuleben bzw. darüber zu sprechen (S. 3). Praktisch kann das so aussehen, dass mit den Schülerinnen, die ihre Erregung abbauen müssen und Bewegung brauchen, in die Turnhalle gegangen wird und sie sich dort austoben können. Eine weitere Möglichkeit für Schüler, die eher in sich gekehrt sind und ihre Gefühle nicht körperlich kanalisieren können, ist die meditative Beschäftigung. Dabei kann beispielsweise ein Bild gemalt, ein Bodenlegebild gelegt, eine Kerze angezündet, ein Mandala ausgemalt oder sich in einer bequemen Haltung ausgeruht werden. Auch eine gemeinsame Schweigeminute oder das Angebot, ein Gebet zu sprechen, sind weitere Möglichkeiten des Nachspürens von Gefühlen und damit einhergehenden Gedanken (S. 3). In vielen Kirchen gibt es die Option, einen sogenannten »Trauerkoffer« auszuleihen. Darin befinden sich Materialien wie Bodenlegetücher, Bildkarten, eine Kerze, ein Kuscheltier und auch Anleitungen, wie diese den Trauerprozess unterstützen können. Gibt es dieses Angebot nicht, empfiehlt es sich, selbst einen solchen zusammenzustellen. Ich habe einen Trauerkoffer über ein Projekt meines Dekanats bekommen und habe die Erfahrung gemacht, dass die Kinder die darin befindlichen Materialien gut und kreativ nutzen konnten.

Es wird sicher auch Schülerinnen und Schüler geben, die sich bewusst oder unbewusst nicht mit diesen – auch schmerzlichen – Gefühlen beschäftigen, weil sie sich selbst schützen wollen und nicht anders können. Als Schulseelsorgerin würde ich deshalb einerseits den Angebotscharakter der Handlungsmöglichkeiten betonen und andererseits dazu ermuntern, in einem geschützten Raum Gefühle zuzulassen und Trost zu erfahren. Ich würde sagen, dass es »erlaubt« ist und niemand sagen kann: »Du darfst das grad nicht fühlen oder tun«. Dass aber auch niemand dafür verurteilt wird, die Gefühle gerade nicht zu spüren und damit auch nicht nach außen zeigen kann. Bei all den vorgeschlagenen Aktivitäten ist es wichtig, immer wieder zu zeigen, dass ich als Schulseelsorgerin anwesend bin und Bereitschaft zum Zuhören signalisiere. Ich habe mich auch schon selbst gemeinsam mit den Kindern mit einer Tätigkeit beschäftigt, wie zum Beispiel dem Ausmalen von Mandalas, und wurde währenddessen von ihnen angesprochen. Ich hatte das Gefühl, dass dies für die Betroffenen einen noch niederschwelligeren Weg darstellte, als die bloße Anwesenheit der Schulseelsorgerin, und dass das Gesprächsangebot permanent und auch über diese Zeit hinaus bestehen würde.

Auf die Stabilisierung folgt laut Wittmann die Phase der *Mobilisierung* (2019, S. 5): Es soll nicht zu einem Stillstand kommen. Das Durchleben all der negativen Gefühle kann schmerzen und auch in ein Ohnmachtsgefühl münden. Deswegen ist es wichtig, dass die Kinder ihre Selbstwirksamkeit wiedererlangen (vgl. Ev.-Luth. Kirche in Bayern und Katholisches Schulkommissariat in Bayern 2018, S. 3). Man kann zum Beispiel mit der Klasse gemeinsam überlegen, was sie als Gemeinschaft tun könnte (beispielsweise eine Gute Besserungs- oder Trauerkarte für die Angehörigen gestalten). In dieser Phase kann auch gemeinsam darüber entschieden werden, wie die Zukunft gestaltet werden sollte. Eine Frage wäre zum Beispiel, ob ein Verunfallter Besuch empfangen kann oder ob es in dem Falle, dass Eltern eines Kindes verstorben sind, die Möglichkeit gibt, den Angehörigen der Eltern seine Anteilnahme auszusprechen (S. 3).

Nachdem den Kindern Handlungsmöglichkeiten gegeben wurden, damit sie ihre Gefühle kanalisieren können, ist eine *Normalisierung* wichtig. An dem Tag, an welchem die Schülerinnen und Schüler die Nachricht über den Unfall oder Tod eines bekannten, ihnen nahestehenden Menschen erfahren haben, ist Raum für die Verarbeitung des Gehörten genauso wichtig wie der normale Unterricht (vgl. Wittmann 2019, S. 5). Wie oben bereits beschrieben, gibt es Kinder, welche keinen direkten Zugang zu ihren Gefühlen haben und diese nicht ausdrücken können oder wollen. Für die Betroffenen ist es wichtig, wieder zur Normalität des Unterrichts wechseln zu können. Die Rituale, die in vielen Klassen etabliert sind, geben den Kindern in diesen Zeiten Halt. Für die meisten von ihnen wäre es kein Vorteil, wenn sie an diesem Tag keinen Unterricht hätten und fern von den strukturgebenden Elementen des Schulalltags wären (S. 5). Die Schule ist ein vertrautes Umfeld mit vertrauten Menschen, die in dieser Situation genauso Halt geben, wie die Rituale.

Schulseelsorgerliches Handeln bei mittlerer Lage

Auch im Falle einer »mittleren Lage« muss ich als Schulseelsorgerin zunächst prüfen, ob meine eigene Betroffenheit ein objektives Handeln zulässt. Anschließend zeichne ich mir die Betroffenheitskreise auf.

In einer möglichst zeitnah zur Krise stattfindenden Sitzung des Krisenteams wird dann zunächst geklärt, wer wofür zuständig ist und optimalerweise ein Blick in den Krisenplan der Schule geworfen. Als Vorgehensweise hat sich bewährt, dass die Schulleitung zunächst alle wichtigen Sachinformationen an das gesamte Personal der Schule weitergibt (vgl. Barkowski 2010, S. 9).

Wenn wirklich die gesamte Schulgemeinschaft betroffen ist, weil beispielsweise eine Schülerin, ein Lehrer oder ein anderer Mitarbeitender an der Schule gestorben ist, bietet sich eine Versammlung der gesamten Schulgemeinschaft an (vgl. Wittmann 2019, S. 9). So werden alle gleichzeitig informiert und die Weitergabe von Fehlinformationen kann unterbunden werden, insofern dies nicht bereits durch soziale Netzwerke geschehen ist. Meine Aufgabe als Schulseelsorgerin kann es hierbei in Absprache mit der Schulleitung sein, einen kurzen Impuls zu geben oder aber ein Gebet zu sprechen (S. 9). Anschließend gehe ich mit in die Klasse, deren Klassenlehrer oder Mitschülerin gestorben ist. Der auf die Bekanntgabe der Krisensituation folgende Dreiklang aus Stabilisierung, Mobilisierung und Normalisierung wird auch in diesem Fall durchgeführt (siehe »kleine Lage«). Eventuell ist eine Klasse besonders betroffen, weil sie am meisten mit dem Lehrer oder der Mitschülerin zu tun hatte. Es können aber auch Kinder aus anderen Klassen betroffen sein, sodass auch diesen eine Möglichkeit zur Verarbeitung des Geschehenen geboten werden sollte.

Die Phasen verlaufen genauso wie in dem Unterkapitel »Schulseelsorgerliches Handeln in kleiner Lage« beschrieben und werden vom, im besten Falle, durch interne Weiterbildungen geschulten Kollegium durchgeführt. Agierende können Mitglieder des Krisenteams und gegebenenfalls Lehrkräfte sein, insofern sie sich dazu in der Lage fühlen. Als Aufgabe von mir als Schulseelsorgerin sehe ich es, die Angehörigen des inneren Betroffenheitskreises im Blick zu haben. Dazu kann ich einerseits in einem Beratungsraum mit offener Tür zur Verfügung stehen, um dort als Schulseelsorgerin Gespräche zu führen. Dies wird den Kindern bzw. weiteren Mitarbeitenden der Schule bekannt gemacht. Um auch dort niederschwellige Gesprächsmöglichkeiten zu schaffen, würde ich Bewegungs-, Spiel-, Meditations- und Bastelangebote schaffen. Das sind viele nonverbale Möglichkeiten, die gerade jüngeren Kindern helfen können. Eine andere Möglichkeit wäre es, direkt in Klassen zu gehen, in denen besonders betroffene Personen sind und ihnen dort ein Gesprächsangebot zu machen oder aber auch durch gemeinsame Aktivitäten – seien sie nun spielerischer, meditativer oder künstlerischer Natur – in Kontakt zu kommen.

Auf die Phase der Stabilisierung folgt die Phase der Mobilisierung, welche im Falle des Todes eines Mitgliedes der Schulgemeinschaft jedoch anders abläuft, als für die kleine Lage beschrieben. Beim Handeln in kleiner Lage habe ich eine überschaubare Personengruppe im Blick und kann sehr individuell über mein Vorgehen entscheiden und es anpassen. In der Phase der Stabilisierung in Krisensituationen »mittlerer Lage« muss ich mehrere Personen(-gruppen) im Blick haben und Angebote schaffen. Wenn es die Möglichkeit gibt, wäre es gut, wenn die Schule im Todesfall einen Raum für Trauer zur Verfügung stellt. Dies sollte auf einen bestimmten Zeitraum begrenzt sein, denn alles hat seine Zeit. Auch das Trauern. Aber für die Zeit des Trauerprozesses – der zugegebenermaßen bei allen Trauernden eine unterschiedliche Zeitspanne umfasst – ist so ein Raum enorm bedeutsam. Der Zeitraum sollte vier bis sechs Wochen umfassen. Falls dies nicht in Gestalt eines Raumes möglich ist, dann vielleicht in Form eines Trauertisches, auf welchem dann Blumen, Andenken oder auch ein Trauerbuch ihren Platz haben. Dieser Tisch kann auch ein Element des Raumes für Trauer sein. Wie mit Trauernden schulseelsorgerlich gearbeitet werden kann, habe ich in Kapitel 5.4 beschrieben.

Darüber hinaus sollte man besprechen, ob Wunsch und Möglichkeit bestehen, an einer Trauerfeier teilzunehmen, und – falls dies nicht der Fall sein sollte – zumindest das Grab besucht werden kann (vgl. Ev.- Luth. Kirche in Bayern und Katholisches Schulkommissariat in Bayern 2018, S. 3). Diese Fragen würde ich allerdings äußerst feinfühlig an die Menschen herantragen, welche die verstorbene Person gut kannten. Denn in diesem Stadium der Trauer können oder wollen sie vielleicht noch gar nicht so weit denken. Andere wiederum möchten schnell ins Handeln kommen und wieder eine Aufgabe haben.

Handeln der Krisenseelsorge bei großen Lagen - ein Interview

Wie in der Beschreibung der verschiedenen Lagen bereits erwähnt, handelt es sich bei der großen Lage um eine Situation, in der ich als Schulseelsorgerin nicht als einzige seelsorgerliche Ansprechpartnerin an der Schule agieren kann und sollte. Ich selbst habe eine solche Situation noch nicht erlebt. Wie schon in verschiedenen Kapiteln dieses Buches erwähnt, ist die Selbstreflektion eines der wichtigsten Werkzeuge als Schulseelsorger. Der Schulgemeinschaft wird nicht dadurch geholfen, dass ich meine, aus falschem Pflichtgefühl heraus handeln zu müssen.

Wie gesagt: Wenn eine große Lage eintritt, ist der Schulseelsorger einerseits selbst betroffen, andererseits aber auch vor Ort sichtbar und dementsprechend ansprechbar. Eine Handlungsmöglichkeit sehe ich darin, in solchen Fällen einen Raum der Stille zu betreuen und dort präsent zu sein. Dies ist eine relativ niederschwellige Möglichkeit für Personen aus der Schulgemeinschaft, einen Raum, aber auch einen Ansprechpartner zu finden. Eine Art Anker in einer Situation, in der ich mich gerade haltlos fühle. Im besten Falle ist das auch für den Schulseelsorger eine Möglichkeit, Selbstwirksamkeit wiederherzustellen. Schulseelsorgerliches Handeln wird bei einer großen Lage in der Nachsorge bestehen, also nachdem das Team der Krisenseelsorge die Schule wieder verlassen hat. Dazu ist dann das eingangs erwähnte Netzwerk wichtig, denn eine alleinige Bewältigung dieser großen Aufgabe ist nicht möglich.

Damit Sie, liebe Lesende, einen besseren Einblick in die Arbeit der Krisenseelsorge bekommen, habe ich die erfahrene Krisenseelsorgerin Dr. Brigitte Lob befragt[10]. Sie ist Referentin für Schulpastoral und schulische Krisenseelsorge im Dezernat Bildung des Bistums Mainz. Den aufmerksamen Lesenden wird auffallen, dass in diesem Interview nicht von »Schulseelsorge«, sondern von »Schulpastoral« die Rede ist. Dieser Begriff wird in der katholischen Kir-

10 Das Interview wurde schriftlich durchgeführt.

che anstelle des Begriffes der Schulseelsorge verwendet, da deren systemischer Ansatz des Schulpastorals über die Seelsorge hinausgeht.

1 »Welche Maßnahmen sollten im Idealfall präventiv an einer Schule erfolgt sein, in welche Sie als Krisenseelsorgerin kommen?«

»Ein geübtes Krisenteam (Schulleitung, stellvertretende Schulleitung, Schulseelsorger*in, Schulsozialarbeiter*in, Schulpsychologin bzw. Schulpsychologe) sollte vorhanden sein, und auch der zuständige Schulpsychologische Dienst sollte eingebunden werden.

Präventiv hat das Krisenteam schon fiktive Fälle durchgearbeitet, Notfallpläne mit verschiedenen Szenarien erstellt, Aufgaben priorisiert und eine Aufgabenverteilung im Team vorgenommen. Zur Prävention gehört auch, sich über Reaktionsweisen von Betroffenen (Opfer, Augenzeugen, Angehörige und Freunde sowie Schule) auf außergewöhnliche Ereignisse kundig zu machen, Notfall- und Traumaintervention zu behandeln und Möglichkeiten der Psychoedukation für Schülerschaft und Eltern zu besprechen. Um die eigene professionelle Arbeit aufrechtzuerhalten, gehören die eigene Psychohygiene und das Einüben nötiger Resilienzfaktoren sowie die Bereitstellung von Ressourcen ebenfalls dazu.

Für die praktische Arbeit mit betroffenen Schülerinnen sollten Methoden und Material für Entspannungsübungen bereitstehen.«

2 »Was ist ein erster wichtiger Schritt, wenn Sie als Krisenseelsorgerin an eine Schule kommen?«

»In der Regel komme ich nicht allein, sondern zusammen mit Kolleginnen und Kollegen.

Das vorbereitende Gespräch mit dem Krisenteam steht zuerst an, um die Anzahl der Betroffenen, die bisherigen Reaktionen sowie die Anzahl der Unterstützungskräfte zu kennen. Hier werden auch die Entscheidungen über die nötigen Unterstützungsmaßnahmen, Begleitung der betroffenen Klassen, Öffnung eines Trauerraumes, hilfreiche Informationen an Eltern usw. getroffen.

Dann ist es hilfreich, sich dem gesamten Kollegium, dem Sekretariat, dem Hausmeister und anderen Angestellten der Schule kurz vorzustellen, die Hilfsangebote zu erläutern und zu fragen, welche Lehrkraft gerne personelle Unterstützung in den kommenden Stunden haben möchte. Auch Sekretärinnen und Hausmeister, die in der Regel jeden in der Schule kennen, sind häufig Betroffene, die in Krisensituationen meist zusätzliche Aufgaben meistern müssen. Die Schulleitungen sollten ermutigt werden, auf ihre Resilienzen zu achten.«

3 »Wie lang erfolgt in der Regel ein Einsatz der Krisenseelsorge an einer Schule?«

»Häufig ist es ein Schultag, in außergewöhnlichen Fällen sind es auch mehrere Tage.«

4 »Warum sollte Ihrer Meinung nach die Krisenseelsorge im Falle einer Krise an eine Schule gerufen werden, obwohl es doch Schulpastoral an der Schule gibt?«

»Externe Krisenseelsorger*innen sind nicht persönlich betroffen, sehr wohl aber alle Mitglieder der Schulgemeinschaft. Das bedeutet, dass zum Beispiel auch ein*e Schulseelsorger*in realisiert, dass durch das Ereignis Wut, Traurigkeit oder Ängste bei ihm*ihr selbst ausgelöst werden. Beim Kollegium werden häufig Konflikte auftreten, die ganz andere Ursachen haben, die Vorstellung einer persönlichen Professionalität wird überschätzt und möglicherweise weinende oder versteinerte Lehrkräfte verhindern bei Schülern und Schülerinnen die Wahrnehmung und Verarbeitung der eigenen Betroffenheit.

Außerdem werden Rückmeldungen an eine Schulleitung über nötige Handlungsschritte, Vorschläge zu alternativen Formulierungen in Elternbriefen oder der Hinweis über die bevorstehenden notwendigen Aufgaben (Beispiel Kondolenzanruf) von Außenstehenden leichter angenommen als vom Kollegium oder Schulseelsorgenden. Das wichtigste Argument ist für mich, dass die Überbringung einer Todesnachricht immer mit der Person verknüpft wird, die sie ausspricht. Da ist es eine enorme Entlastung, wenn dies von Außenstehenden übernommen wird, die bald wieder weg sind.«

5 »Worin kann die Schulseelsorgerin bzw. der Schulseelsorger vor Ort die Krisenseelsorge unterstützen?«

»Es sind ihre persönlichen Kontakte in Schülerschaft und Kollegium, ihr Wissen um bereits trauernde und traumatisierte Personen, bei denen es schon vorher krisenhafte Ereignisse gab. Wenn wir nach besonders Betroffenen fragen, sind sie gut im Bilde. Wenn Konflikte auftreten, Kommunikation nicht gelingt, sind die Schulseelsorger*innen die besten ›Übersetzer*innen‹.

Sie sind auch die idealen Anprechpartner*innen in einem Trauerraum, der möglichst die ersten Tage offen ist für das Gedenken, für Auszeiten und Einzelgespräche. Die angemessene Gestaltung eines Rituals oder einer Trauerfeier kann der*die Schulseelsorger*in vor Ort besser einschätzen.«

6 **»Welche Aufgaben der Nachsorge sind aus Ihrer Sicht für Schulseelsorger*innen elementar?«**

»Das persönliche Ansprechen der Betroffenen, sie immer mal wieder zum Gespräch einzuladen, ist der beste Weg, um mitzubekommen, wie eine Person etwas verarbeitet oder nicht. Es zeigt auch das persönliche Interesse an der Person und signalisiert: ›Du bist wichtig! Es gibt Hilfe!‹

Gemeinsame Formen der Trauerbewältigung wie ein Trauerritual oder eine Gedenkfeier gehören ebenfalls dazu.

Es gibt Tage der Klärung, der Trauer mit den unterschiedlichsten Reaktionsweisen, der Gespräche, der Rituale – und parallel dabei auch wieder den Übergang in den Alltag, was viel Kommunikation mit Kollegium, Schulleitung und Schülerschaft benötigt.«

7 **»Worin unterscheidet sich Ihrer Meinung nach Krisenseelsorge an Grundschulen von Krisenseelsorge an weiterführenden Schulen?«**

»Die Hauptaufgaben, die ehrliche Übermittlung der Krisennachricht, die Begleitung der Betroffenen, die Unterstützung im Krisenmanagement, sind die gleichen. Der Unterschied liegt in der vereinfachten Sprache, den altersgemäßen Methoden und Angeboten im Trauerraum und der stärkeren Einbindung der Eltern.«

8 **»Worin sehen Sie Ihre (primäre) Aufgabe als Krisenseelsorgerin an einer Grundschule?«**

»Es soll allen ermöglicht werden, entsprechend ihren Bedürfnissen, Raum und Zeit zu finden, das Ereignis mit Unterstützung zu verarbeiten, oder sich auch genau aus all dem rauszuhalten und sich durch normalen Unterricht der sofortigen aktiven Bearbeitung zu entziehen, was eine völlig normale Schutzreaktion ist. Auch dies der gesamten Schulgemeinschaft zu vermitteln, ist Aufgabe von Krisenseelsorgenden. Sonst werden zum Beispiel Vorwürfe laut: ›Du trauerst ja gar nicht!‹.

Bei Kindern wird häufig der Fehler gemacht, ihnen die Wahrheit und die notwendigen Informationen vorzuenthalten, um sie vermeintlich zu schützen. Aber ihnen wird damit die Möglichkeit genommen, das Ereignis zu begreifen, und schlimmer noch, sie beziehen es auf sich – mit schlimmen Fantasien, Schuldgefühlen und Vorwürfen. Die Erwachsenen, die sich nicht trauen, Kindern gegenüber die Wahrheit auszusprechen, möchten sich dabei auch selbst schützen, weil sie so betroffen sind.

Daher ist es eine Aufgabe in der Krisenseelsorge, dafür zu sorgen, dass die Fakten begreifbar sind, dass alle nötigen Informationen gegeben werden, ohne ins Detail zu gehen, aber zu gewährleisten, dass der Ablauf des Ereignisses (in der Regel) nichts mit den Personen in der Schule zu tun hat. Eine Entlastung von fiktiven Schuldgefühlen ist nicht immer sofort nötig und möglich, aber das Ansprechen und Aussprechen davon, ist für betroffene Lehrkräfte gar nicht im Blick.

In unserer Arbeit mit Klassen, kleinen Gruppen und einzelnen bekommen Schulleitung, Krisenteam und Lehrkräfte mit, wie wir arbeiten, welche Methoden und Materialien hilfreich sind, und nehmen davon vieles in ihr eigenes Repertoire mit auf. So sind wir auch als Multiplikatoren tätig.«

»Vielen Dank für das Interview.«

Nach der Krise

Die Arbeit der Schulseelsorge ist nicht beendet, sobald die Krisenseelsorge im Einsatz war. Im Gegenteil. Die Auswirkungen auf die unmittelbar Betroffenen und auf die gesamte Schulgemeinschaft zeigen sich erst nach der Krise. Deswegen ist es meiner Erfahrung nach wichtig, in dieser Zeit durch die Schulseelsorge zwei Angebote zu machen: Zum einen sollte es einen Raum für Trauer geben, den die Kindern möglichst selbstständig auffinden können sollten. Zum anderen muss es eine Möglichkeit geben, Gedanken auszusprechen, ins Gespräch zu kommen oder einfach nur jemanden zum Zuhören zu haben. Aufgabe der Schule ist es hierbei, wieder zurück zum Schulalltag zu finden, da die dort angesiedelten Rituale und Strukturen einen wichtigen Halt bieten und eine Stütze für die Schülerinnen und Schüler darstellen.

Bei vielen der genannten Lagen spielt der Umgang mit Trauer eine wichtige Rolle. Trauerprozesse verlaufen sehr individuell. Dennoch benennt Ulrich Keller (2010) bei all dieser Unterschiedlichkeit eine Gemeinsamkeit: Die Einsamkeit (S. 15). In diesem Zustand können Betroffene nur schlecht um Hilfe bitten, weswegen ein Angebot zur Unterstützung von außen kommen muss. Konkret kann das bedeuten, dass Schulseelsorge im Gespräch mit den Betroffenen dabei hilft, den Todesfall zu realisieren und damit auch die Trauer beginnen und ihren Raum finden kann. Es ist wichtig, gemeinsam auf die Suche nach Ressourcen zu gehen, die bei der Trauerbewältigung helfen können (S. 16). Ressourcen können Menschen, aber auch Tätigkeiten sein. Ein weiterer hilfreicher Gesprächsimpuls ist es, miteinander über die verstorbene Person und gemeinsame Erlebnisse zu sprechen (vgl. Keller 2010). Eine brennende Frage praktischer Natur kann dabei auch sein, wie der eigene Abschied aussehen soll – was möchte ich und was nicht? Für all das kann in einem schulseelsorgerlichen Gespräch Raum sein. Weitere Informationen über Trauerprozesse sowie Möglichkeiten des Umgangs mit Trauer finden sich in Kapitel 5.4.

Es ist immer wichtig, dass der Schulseelsorger die Betroffenen im Blick hat, ihnen Gesprächsangebote macht und im Falle einer kleinen Lage auch die Familien der betroffenen Person mit einbezieht. Eine große Lage kann darüber hinaus bedeuten, dass der Seelsorgende weitere Anlaufstellen aus seinem Netzwerk aktiviert und so Betroffene und Helferinnen miteinander vernetzt. Ich allein kann nicht alle notwendigen Gespräche führen. Ich allein kann nicht alle Trauerprozesse begleiten. Gerade in der Begleitung unmittelbar Betroffener gibt es gute Anlaufstellen und Selbsthilfegruppen wie beispielsweise »Lacrima«[11], ein Angebot der Johanniter, das dabei hilft, sich mit Gleichgesinnten auszutauschen. Allerdings ist es nicht für alle möglich, sich extern Hilfe zu suchen. Deshalb finde ich es wichtig, in der Schule immer wieder niederschwellig zu zeigen: »Auch wenn du dir gerade (noch) keine Hilfe von Fremden suchen kannst, bin ich hier und höre zu oder rede mit dir.«

Zusammenfassend kann ich sagen, dass ich die Aufgabe von Schulseelsorge in der Nachsorge darin sehe, zu begleiten, zu vernetzen und einen Raum für Trauer zu schaffen.

Dieses Unterkapitel nimmt sehr viel Raum ein. Mir ist es wichtig, dieses so vielschichtige Thema möglichst umfassend zu betrachten. Ich kann hierbei nicht den Anspruch auf Vollständigkeit erheben. Die Handlungsempfehlungen müssen der jeweiligen Situation entsprechend angepasst werden. Ich kann mich nicht auf alle möglicherweise erfolgenden Krisen vorbereiten. Dennoch bieten mir diese Überlegungen die Möglichkeit, bereits vor Eintreten der Krise ein gewisses Handlungsrepertoire zu haben.

Nachdem es in den vergangenen Kapiteln gewissermaßen eine Steigerung von emotional aufwühlenden Situationen gab, in denen Schulseelsorge sehr interventiv arbeiten muss, folgt im letzten Unterkapitel nun eine präventive Möglichkeit, mit den eigenen Gefühlen, Emotionen und dem Selbstwert zu arbeiten.

11 https://www.johanniter.de/spenden-stiften/projekte/spenden-fuer-kinder-und-jugendliche-mit-den-johannitern-zukunft-schaffen/lacrima-trauerbegleitung-fuer-kinder-und-jugendliche/ (Zugriff am 4.5.2023).

4.5 Der »Seelenvogel« entdeckt seine Flügel – ich bin einfach einmalig

Als Rahmen der präventiven Arbeit mit dem »Seelenvogel« nutze ich eine »Arbeitsgemeinschaft«, bei uns Grundschullehrkräften als »AG« abgekürzt. Präventive Arbeit sollte meiner Meinung nach immer einen Nachhaltigkeitseffekt haben und kann somit nicht mit ein oder zwei Stunden abgegolten werden. Die Bedürfnisse der Selbstwirksamkeit und des Selbstwertes müssen erst einmal wahrgenommen werden und jeder braucht die Möglichkeit, für sich selbst die Nahrung zu finden, die dieses Bedürfnis in ihm erfordert. Das bindet zeitliche Kapazitäten, die ich im Unterrichtsalltag nicht habe. Deshalb möchte ich mir im folgenden Unterkapitel die Zeit nehmen, detailliert auf meine Überlegungen zu den einzelnen Stunden einzugehen. Im Download-Material zum Buch befindet sich dazu ein ausführlicher Entwurf der Stunden sowie das dazugehörige Arbeitsmaterial. Nun folgt erst einmal eine inhaltliche Zusammenfassung der Stunden zur Prävention.

Organisatorischer Rahmen

Für den Aufbau der Stunden orientiere ich mich an dem Buch »Die 50 besten Spiele für mehr Selbstvertrauen« von Rosemarie Portmann (2011). Darin gibt es vier Kapitel, welche ich zu den vier großen Themen der Arbeitsgemeinschaft[12] umformuliert habe. Bei der Formulierung der Themen war es mir wichtig, vom Kind selbst auszugehen. Diese Sätze beinhalten dann die Möglichkeit, dass die Kinder sie zu ihren eigenen machen:

1. Ich bin einzigartig.
2. Ich vertraue anderen.
3. Ich vertraue mir selbst.
4. Ich traue mir etwas zu.

Jede AG-Einheit beinhaltet fünf Stunden, welche jeweils 45 Minuten umfassen. Ein solches Format ist also auf die Dauer eines Halbjahres angelegt und die aufgeführten Stunden können individuell verlängert oder gekürzt werden.

Zu Beginn jeder AG etabliere ich zwei Rituale. Das eine dient dem Teamgeist und als Zeichen des gemeinsamen Beginns. Das andere holt die Kinder bei ihren jeweiligen Befindlichkeiten ab und lässt sie ankommen.

12 »Arbeitsgemeinschaft« wird im Folgenden mit »AG« abgekürzt.

Das erste Ritual ist dem Sport entnommen. Alle Kinder und die AG-Leitung stehen im Kreis und legen ihre Hände in der Mitte auf- oder aneinander. Dann sagen alle das Motto der AG: »Ich bin – alle Hände gehen auseinander – einfach einmalig«.

Beim zweiten Ritual wird wieder unser »Seelenvogel« aus Holz genutzt. Die Kinder bekommen dabei die Möglichkeit, ihr eigenes Befinden noch einmal wahrzunehmen und mithilfe der Seelenvogelbilder darzustellen, oder aber anhand der Neigung des beweglichen Holzkopfes des »Seelenvogels« einzustellen, wie sie sich gerade fühlen. Wer mag, kann auch darüber sprechen, mit welcher Situation er oder sie das Gefühl verbindet.

Ich bin einzigartig

In dieser Einheit greife ich das Motto der AG auf. Zunächst tue ich dies mit Hilfe des Buches »Du bist einmalig« von Max Lucado (2007), das die Geschichte des kleinen Punchinello erzählt, der ganz verzweifelt war, weil er ständig negativen Bewertungen durch die Bewohner seines Dorfes ausgesetzt war. Diese klebten in Form grauer Punkte an ihm. Kein einziger Stern – das Zeichen für gute Bewertungen – blieb an ihm haften. Eines Tages traf er ein Mädchen, an welchem keinerlei Sterne oder Punkte zu sehen waren: Sie war nicht abhängig von den Bewertungen anderer.

Gemeinsam mit den Kindern begebe ich mich auf die Suche nach grauen Punkten und Sternen im eigenen Leben und stelle die Frage, warum wir uns manchmal so abhängig davon fühlen. Sie erfahren, dass wir uns auch bewusst dafür oder dagegen entscheiden können, einer Behauptung oder Bewertung über uns Glauben zu schenken.

Weiterhin arbeiten wir mit Spielen, die ebenfalls dem Buch »Die 50 besten Spiele für mehr Selbstvertrauen« von Rosemarie Portmann (2011) entnommen sind. Nachdem den Kindern zunächst von außen (wertschätzende) Eigenschaften zugesprochen wurden, können sie später auch selbst Eigenschaften benennen. Wir sprechen über Angst und Mut und können unseren Körper dabei noch besser kennenlernen – wie reagiert er bei diesen Emotionen? Außerdem überlegen wir uns, welche Eigenschaften eines bestimmten Tieres wir gerne haben würden. In der letzten Stunde erforschen wir die Bedeutung unserer Namen und gestalten eine Schatztruhe, in die wir kleine Dinge legen können, die uns an tapfere, mutige, schöne und weitere besondere Momente unseres Lebens erinnern. Durch diese können wir uns als einzigartig begreifen und den Selbstwert heben.

Ich vertraue anderen

Nachdem die Kinder Erfahrungen ihrer eigenen Einzigartigkeit machen konnten, erweitert sich der Blick von innen nach außen. Denn im Leben in und auch außerhalb der Schule sind sie immer wieder mit anderen Menschen in Kontakt. Dabei ist es wichtig, den anderen zunächst einmal wahrzunehmen und ihm zu vertrauen. Ihn als jemanden kennenzulernen, dem man vertrauen kann. Wahrzunehmen, dass Vertrauen auf Gegenseitigkeit beruht und beide Seiten Wagnisse eingehen. Die meisten Übungen sind hierbei wieder dem Buch »Die 50 besten Spiele für mehr Selbstvertrauen« von Rosemarie Portmann (2011) entnommen.

Zunächst einmal dürfen die Kinder dabei die Erfahrung machen, wie es ist, selbst einmal diejenige zu sein, der Vertrauen entgegengebracht wird. Zum anderen werden auch sie vertrauen müssen. In einer nächsten Übung können die Kinder gegenseitig Grenzen wahrnehmen und erforschen, womit sie sich wohlfühlen und was ihnen Unbehagen bereitet. Auch diese Erfahrung kann ich nicht für mich allein machen, sondern die Grenzen nur im Umgang mit anderen Personen ausloten. Zum Thema »Ich vertraue anderen« gehört auch das Wissen, in belastenden Situationen Hilfe zu bekommen. Oder Wertschätzung zu erfahren – unabhängig davon, ob man einer Person nun besonders nahesteht oder nicht. Auch Freundschaften sind eine wichtige Ressource und werden in dieser Einheit reflektiert. Wichtig ist außerdem, dass die Kinder lernen, Vertrauen in sie nicht zu missbrauchen, denn auch dieses beruht auf Gegenseitigkeit. Zum Abschluss dieser Einheit erfahren die Kinder noch eine besondere Form der Wertschätzung in Form von Mutmach-Sprüchen, welche natürlich auch in die Schatztruhe gelegt werden.

Ich vertraue mir selbst

Vertrauen in andere ist gut, aber eine wichtige Voraussetzung dafür ist das Selbstvertrauen. Das Vertrauen in sich selbst dürfen die Kinder zunächst einmal in verschiedenen Übungen im geschützten Rahmen feststellen. In dieser Einheit gibt es dazu viele interaktive Möglichkeiten, sich selbst noch einmal anders wahrzunehmen. Ein wichtiger Pfeiler ist dabei die Selbstreflexion in Form von Reflexionsbögen.

Gleich zu Beginn werden die Kinder in eine Situation gebracht, die einerseits Selbstvertrauen fordert und andererseits auch der Erlangung von Selbstvertrauen dient. Sie werden selbst in einem Theaterstück über Punchinello auftreten und dort ihre Rollen einnehmen. Kinder lieben Wettbewerbe und auch da wirkt sich jeder Sieg positiv auf das eigene Selbstvertrauen aus. Allerdings gibt es gerade im schulischen Bereich viele Wettbewerbe der Superlative – wer ist der Schnellste, die Begabteste, der Beste? Deshalb werden die Kinder in einer weiteren Stunde einmal genau das Gegenteil davon erleben. Dass auch Langsamkeit und das Anlegen von anderen Maßstäben durchaus gewinnbringend sein können. Etwas mehr auf Sprachlichkeit bezogen sind die sich daran anschließenden Übungen, bei denen die Kinder eigene Wünsche sowie eigene Erfolge in Ich-Form verbalisieren dürfen. Ist die AG-Gruppe mit mehr Jungen als Mädchen besetzt, ist hier zu prüfen, inwieweit die sprachlichen Zugänge durch Handlungsorientierung ergänzt oder ersetzt werden sollten. Zu einem gesunden Selbstbewusstsein gehört es außerdem, um seine personellen Ressourcen zu wissen: »Ich muss nicht alles allein schaffen, denn ich habe Menschen an meiner Seite, die mich unterstützen können.« Am Ende der Einheit reflektieren wir, was die Kinder über sich selbst erfahren haben und welche vergangenen Erfahrungen von Selbstbewusstsein erforscht werden konnten.

Ich traue mir etwas zu

Nachdem die Kinder verinnerlichen konnten, was es heißt, sich selbst zu vertrauen, geht es in der folgenden Einheit darum, dieses Selbstbewusstsein in neue Situationen zu transportieren und zu nutzen.

Zu Beginn werden die Kinder mit Ungerechtigkeit konfrontiert. Diese soll dazu anregen, sich zu wehren und für die eigenen Rechte einzustehen. Mit dem Wissen um ihren eigenen Selbstwert sollen sie lernen, dass sie es verdient haben, Gerechtigkeit zu erfahren. Dabei nehmen sie gleichzeitig wahr, dass sie diese Eigeninitiative oft erfordert. Auch in dieser Einheit sind wieder reflexive Elemente enthalten, bei denen die Kinder sich an Situationen erinnern, in denen sie mutig und stark – eben selbstbewusst – waren und das als besonderen Schatz mit sich tragen können. Weitere Spiele bergen die Notwendigkeit, sich selbstbewusst in Situationen hineinzubegeben, welche man mit klopfenden Herzen und schwitzigen Händen erwartet. In denen man vielleicht auch damit rechnen muss, zu scheitern. Aus denen man aber dennoch etwas lernen kann – was immer in den Reflexionen der Spiele betont wird.

Am Ende der letzten Einheit steht die Reflexion aller Inhalte der AG und des Prozesses, welchen die Kinder durchlaufen haben. Viele Produkte der vergangenen Stunden wurden in der Schatztruhe gesammelt. Durch diese Möglichkeit können die Kinder noch einmal begreifen, was sie in dieser gemeinsamen Zeit erlebt haben. Zusätzlich wird die Möglichkeit geboten, selbst zu entscheiden, welche Erinnerungen wirklich wertvoll und wegbegleitend oder auch -weisend waren und welche eher unwichtig. Mir ist es hier wichtig, die Kinder darüber selbst entscheiden zu lassen, welche Gegenstände sie behalten wollen und welche sie nicht brauchen.

Die AG zum Thema Selbstbewusstsein endet damit, dass die Kinder nun hoffentlich wie der »Seelenvogel« ihre neu entdeckten Flügel ausbreiten und lernen, loszufliegen. Praktisch umsetzen lässt sich dies zum Beispiel, in dem die Schülerinnen und Schüler über ein selbst gewähltes Thema eine kleine Rede halten. Hierbei können sie sich auch eine Ressource – eine Unterstützung – wählen, die ihnen hilft, diese Aufgabe zu bewältigen. Am Ende wird jedes Kind, das die AG besucht hat, geehrt und gefeiert. Es gibt einen Superman- oder einen Superwoman-Umhang und reichlich Applaus. Die Kinder lernen so, auch zukünftig ihre eigenen kleinen und großen Erfolge, Ausbrüche aus der Komfortzone wahrzunehmen und zu feiern.

Nachdem wir nun verschiedene Situationen und Möglichkeiten betrachtet haben, wie schulseelsorgerliches Handeln in der Gruppe erfolgen kann, beschäftigen wir uns in diesem Kapitel mit dem, was Gruppensituationen nicht leisten können: Dass einzelne Kinder in den Blick genommen werden und dass mit ihnen persönlich gearbeitet wird. Die in diesem Kapitel geschilderten Gruppensituationen können allerdings ein guter Türöffner für Einzelgespräche sein.

5 Grundschulseelsorge praktisch – Beratung im Einzelsetting

Die Beratung im Einzelsetting ist das eigentliche »Kerngeschäft« der Schulseelsorge. Falls Sie, liebe Lesende, nun allerdings ein passendes Handlungsmodell für jedes dieser im Folgenden aufgezählten Szenarien erwarten, muss ich Sie an dieser Stelle leider enttäuschen. Ich selbst habe während meiner Weiterbildung erwartet, dass ich einen gut sortierten Werkzeugkoffer erhalte, mit dem ich kategorisiert in Beratungskontexte mundgerecht für jedes Beratungsthema entsprechende Werkzeuge erhalte. Vielleicht mögen Sie nun über diese Naivität lächeln und wissen es schon besser. Natürlich geschieht im Leben nichts nach »Schema F«, bei dem ich einfach nur eine Lösungsschablone darauflegen und fein säuberlich alle Linien nachzeichnen muss. Verstehen Sie diese nachfolgenden praktischen Bearbeitungsmöglichkeiten durchaus als Werkzeug für Ihren Koffer, aber eben nicht als Schablone oder Modell, das Sie 1:1 genauso anwenden können oder gar müssen. Ich muss mich in jeder Beratung neu auf das Kind einstellen, das vor mir sitzt oder steht. Gerade meine Arbeit als Lehrerin hilft mir dabei, da ich die meisten Schülerinnen und Schüler schon recht gut kenne und einschätzen kann, welche zu mir in die Seelsorge kommen. Wenn das Kind zu mir in die Beratung kommt und von seinem Anliegen erzählt hat, entscheide ich in meinem Kopf, mit welcher Methode ich berate. In meinem Alltag als Schulseelsorgerin erlebe ich oft, dass das hilfe- bzw. ratsuchende Kind mir vorher auch schon im Tür- und Angelgespräch sein Anliegen mitgeteilt hat. Somit habe ich ein bisschen mehr Zeit, um über eine passende Beratungsmethode nachzudenken. Oft passiert es auch im Schulalltag, dass mich Kollegen ansprechen und bitten, mit einem Schüler zu sprechen. Auf Basis der Freiwilligkeit kann er sich selbst für oder gegen eine Beratung entscheiden. Ich rate den Kollegen daraufhin, ihn zu ermutigen, mich anzusprechen. Die meisten Kinder an der Schule kennen mich. Ein weiterer Weg ist es, dass ich auf das Kind zugehe und ein Gespräch anbiete.

In diesem Kapitel beschäftige ich mich nun mit verschiedenen Methoden, aber auch Beratungsinhalten, welche die Schülerinnen zu mir führt. Zunächst werde ich dabei auf Methoden der Gestalttherapie sowie die Teilearbeit eingehen. Zwei sehr unterschiedliche, aber auch kindgerechte Herangehensweisen, welche mit Material arbeiten, das nonverbale Ausdrucksmöglichkeiten bietet.

Inhaltlich möchte ich am Ende des Kapitels noch auf zwei Themen eingehen, die mir im Beratungskontext immer wieder begegnen. Zum einen ist das der Leistungsdruck, welchem Kinder im Einzugsbereich meiner Schule ausgesetzt sind. Ich bin mir dabei bewusst, dass dies nicht an allen Grundschulen der Fall ist und Kinder an anderen Grundschulen andere Probleme haben. In meinem Fall kann ich allerdings nur von meinen persönlichen Erfahrungen berichten und bitte Sie, liebe Lesende, Herangehensweisen an das Thema auch in andere Kontexte zu übertragen. Ein letztes und wichtiges Thema ist der Umgang mit Trauer und Verlusten, welches uns nicht nur im schulseelorgerlichen Kontext begegnet.

5.1 Beratung mit gestalttherapeutischen Elementen

Kindern ist es noch nicht möglich, auf die Art und Weise über ihre Gefühle zu sprechen, wie wir Erwachsenen es tun. Sie brauchen andere Zugänge. Dies habe ich in Kapitel 4 gezeigt. Die im Folgenden vorgestellte Methoden der Gestalttherapie möchte ich Ihnen nun als erstes Werkzeug aus meinem Koffer für die Einzelberatung näherbringen. Je nach Kind und Situation kann ich dann entscheiden, welche dieser Methoden ich nutzen möchte.

Bevor ich gleich näher auf die Methoden der Gestalttherapie eingehe, folgt hier ein kurzer Exkurs dazu, was genau darunter zu verstehen ist. Ausgangspunkt ist, dass Kinder über ihre Sinne wahrnehmen und dabei unterschiedliche Vorlieben ausbilden (Schön 2012, S. 134). Wenn gesunde Kinder emotional gefärbte Erlebnisse durchleben, werden diese oft durch andere mittels Sprache und Begriffe eingeordnet und bewertet. Fühlt sich das Kind dadurch in seiner eigenen Wahrnehmung und auch seiner selbst bestätigt, erlebt es keinen inneren Konflikt. Fällt die begriffliche Einordnung aber negativ und damit abwertend aus, wird die Wahrnehmung des Kindes nicht bestätigt und es reagiert unterschiedlich darauf. Es erlebt die eigene Wahrnehmung als falsch und verlernt unter Umständen sogar, durch wiederholte Erlebnisse auf diese zu achten. Ziel der gestalttherapeutischen Arbeit ist es nun, mit dem Kind gemeinsam wieder einen Zugang zu sich selbst und seinen Erlebnissen zu schaffen. Es soll lernen, sich selbst wieder zu akzeptieren und sein eigener guter Freund zu werden (S. 134). Dabei helfen gestalttherapeutische Elemente, da die Kinder, wie oben beschrieben, über ihre Sinne wahrnehmen. Die Wahrnehmung des

Kindes ist eng mit seinem Erleben verknüpft (Oaklander 1978, S. 80). Durch gestalttherapeutische Arbeit soll die »ursprüngliche Wahrnehmung« des Kindes reaktiviert und als eine wichtige Ressource genutzt werden (S. 80). Auch darüber hinaus kann das Kind durch das Gestalten mit verschiedenen Materialien, inklusive des eigenen Körpers, Selbstwirksamkeit, Kraft und Ausdauer entwickeln (Schön 2012, S. 139). Nun werden Sie vielleicht sagen: »Das ist ja alles sehr interessant, aber ich möchte ja nicht therapeutisch, sondern seelsorgerlich arbeiten.« Natürlich unterscheidet sich die therapeutische von der seelsorgerlichen Arbeit – allein schon in der Fachkompetenz und nicht zuletzt durch die Beauftragung. Dennoch habe ich in der Beratungspraxis gemerkt, wie sich Kinder durch diese ihrem Wesen entsprechenden Zugänge deutlich mehr öffnen. Ich kann nicht all die Reaktionen, die die Kinder gezeigt haben, analysieren, Symptome erkennen oder therapeutisch korrekt intervenieren. Vielen Kindern, die zu mir in die Beratung kommen, hat dieser Schritt sicher Mut abverlangt. Gerade der Fakt, dass ich eine Person bin, die sie kennen und dass unser Gespräch an einem Ort stattfindet, der ihnen vertraut ist, bietet einen niederschwelligen Zugang. Kinder im Grundschulalter sind bezüglich einer Entscheidung für eine Psychotherapie an ihre Eltern gebunden. Viele Eltern kostet es ebenfalls viel Mut, für Ihre Kinder Psychotherapie – egal, ob nun in Form von Gestalttherapie oder anderen Ansätzen – in Anspruch zu nehmen. Vielleicht werden einige Kinder in ihrer Kindheit nie in Kontakt mit einem Psychologen oder einer Psychotherapeutin kommen und trotzdem ein inneres Anliegen haben, bei dessen Bewältigung sie Hilfe brauchen. Die Schulseelsorge an der Grundschule ist für diese Kinder also der einzige Weg, sich jemandem gegenüber zu öffnen, der mit ihnen gemeinsam einen Weg der Bewältigung suchen kann. Ich traue Ihnen und mir zu, dass wir die Grenzen unserer Arbeit und seelsorgerlichen Kompetenzen erkennen und entsprechend handeln können. Jeder Seelsorger sollte sich immer wieder gerade in vielschichtigen Beratungskontexten Zeit zur Selbstreflexion, Reflexion des Gespräches und auch Supervision nehmen.

Methoden gestalttherapeutischen Arbeitens nach Violet Oaklander

Violet Oaklander (1978), die als »Pionierin« der gestalttherapeutischen Arbeit gilt, zeigt in ihrem Buch »Gestalttherapie mit Kindern und Jugendlichen« die verschiedenen Techniken der Gestalttherapie. Auf diese möchte ich nun exemplarisch eingehen.

Als erstes und mit Utensilien, die in einer Schule eigentlich immer vorhanden sind, kann man das Zeichnen nutzen. Dabei sind sowohl gelenktes als auch freies Zeichnen möglich. Bevor Oaklander die Kinder in ihren Sitzungen Zeichnungen anfertigen lässt, führt sie diese zunächst in einen Raum ihrer Fantasie, in dem sie sich wohlfühlen und entspannen können (S. 13). Anschließend werden die Kinder dazu angeleitet, zunächst in ihrer Fantasie ein Bild entstehen zu lassen, das sie dann später zu Papier bringen sollen (S. 15). Das können einerseits gegenständliche Dinge wie Familienzeichnungen sein, in welchen die einzelnen Mitglieder als Tiere dargestellt werden (S. 41). Andererseits können das auch »Kritzelbilder« sein, anhand derer Kinder ihr Inneres ohne Angst zeichnen können, gerade weil es nicht gegenständlich ist (S. 55). Eine weitere niederschwellige Möglichkeit ist es, die Kinder frei malen zu lassen (S. 66). Auch situativ kann das Malen genutzt werden, um Gefühle zu kanalisieren, auszudrücken und ihnen Raum zu geben (S. 61).

Ich persönlich habe die Erfahrung gemacht, dass gerade Jungen oftmals gern Dinge herstellen, mit ihren Händen arbeiten und begreifen. Auch dazu finden sich in Oaklanders (1978) Buch Anregungen. Es ist ratsam, die nötigen Materialien sowie entsprechende Unterlagen zur Verfügung zu haben. Dabei empfiehlt Oaklander die Arbeit mit Ton, da dieser »schmutzig, weich und sinnlich« ist. Ton ist förderlich, wenn es darum geht, innere Prozesse durchzuarbeiten und damit eins zu werden (S. 91). Außerdem können Kinder, welche in ihrer Wahrnehmung gestört sind, durch die Berührung der Materialien Sinne, Körper und Gefühle neu erleben (S. 80).

Wichtig ist es, nach Entstehung des Werkes, auf eigene Interpretationen zu verzichten. Einzig das Beschreiben des Bildes des Kindes ist hilfreich, um das individuell Wahrgenommene mit dem abzugleichen, was das Kind in dem Bild sieht (S. 35).

In Oaklanders Buch finden sich einige wichtige Hinweise, wie mit den Werken der Kinder gearbeitet werden kann. Diese Vielzahl von Möglichkeiten stellt einen großen Fundus für meinen »Werkzeugkoffer« dar.

Nach der Fertigstellung des Kunstwerkes bietet es sich an, mit dem Kind über den Prozess selbst zu sprechen, also darüber, wie es sich während der Anfertigung gefühlt hat, welche Gedanken ihm durch den Kopf gegangen sind. Anschließend folgt die Bildbeschreibung durch den kleinen Künstler selbst. Das Kind kann dabei auf einzelne Elemente und die Gestaltung des Bildes eingehen oder schlüpft gedanklich in eigene Elemente hinein und spricht aus dieser Perspektive heraus (S. 73).

Nun kann man damit beginnen, dem Kind Fragen zum Bild zu stellen, die zunächst leicht und angenehm sind. Dadurch wird die Identifizierung des Kindes mit dem Bild unterstützt (S. 73). Gleichzeitig gilt es, sensibel dafür zu sein, dass es sich eventuell nicht damit identifizieren möchte (S. 75). Dazu sollte die gestalttherapeutisch arbeitende Person das Bild oder Kunstwerk genau ansehen, auf dessen einzelne Teile eingehen und das Kind darum bitten, bestimmte Formen bzw. Darstellungen näher zu erklären (S. 73). Um die Identifizierung des Kindes mit dem Bild zu unterstützen, können Sie es bitten, sich mit dem Werk selbst oder einzelnen Teilen zu identifizieren und aus dieser Perspektive heraus zu sprechen (S. 74).

Beim Prozess des Fragens sollte der Beratende auf Stimmlage, Körperhaltung, Mimik und Gestik, Atmung oder Schweigen des Kindes achten (S. 75). Diese Beobachtungen können auch weitere wichtige Hinweise auf die Gefühlslage oder das Anliegen des Kindes geben.

Nun habe ich Ihnen sehr viel theoretisches Wissen über die Gestalttherapie zugemutet. Sicherlich werden Sie das ein oder andere auch später noch einmal nachlesen. Aber für mich ist alle Theorie grau, wenn praktische Einblicke fehlen. Deswegen habe ich eine Kollegin um ein Interview gebeten, die, ebenso wie ich, Schulseelsorgerin an einer Grundschule ist. Dort arbeitet sie unter anderem mit Methoden der Gestalttherapie.

Beratung mit gestalttherapeutischen Elementen – ein Interview

»Was unterscheidet eine Beratungsstunde mit gestalttherapeutischen Elementen von anderen Beratungsstunden?«

»Wenn ich gestalttherapeutische Mittel einsetze, dann kommt oft eine gewisse Ruhe in die Beratungsstunde. Die Kinder konzentrieren sich auf ihr Tun und können damit manche Aufregung, die sie mitbringen, ablegen.

Die Kinder in meiner Schule bekommen im ersten Schuljahr eine ›Einführung in die Seelsorge‹, das heißt, sie lernen mit Hilfe einer Geschichte kennen, was Schulseelsorge inhaltlich bedeutet, und sie bekommen die Möglichkeit, im Seelsorgeraum alles zu erkunden. So kennen die meisten, die zu mir kommen, schon das vorhandene Material – wenigstens aus der Erinnerung. Ich habe einen Schrank mit vielen Fächern, in denen das Material aufbewahrt wird. Wenn die Kinder dann wiederkommen, können manche ganz gezielt das Material suchen, das sie benutzen möchten, andere schauen nochmal alle Fächer durch und entscheiden sich dann spontan.

Auch wie die Kinder dann mit dem gestalterischen Material umgehen, ist sehr unterschiedlich: Manche machen das Malen, Kneten, Bauen zur Hauptsache ihrer Seelsorgezeit, so dass ich mich manchmal schon frage, ob sie nur zum ›Spielen‹ gekommen sind. Sie brauchen vielleicht etwas Anlauf und kommen irgendwann doch noch mit einer Frage um die Ecke, oder erzählen noch kurz, was sie bewegt. Andere Kinder spielen, dem äußeren Anschein nach, nur nebenher mit dem Material und erzählen auch dazu, was sie bewegt. Ich versuche grundsätzlich, die gestalterischen Dinge nicht zu kommentieren, aber häufig sind es die Kinder, die einen Zusammenhang herstellen und solche Dinge wie ›Ich habe Blumen gemalt, die auf das Grab von meiner Oma sollen‹ erzählen.

Einige Schülerinnen und Schüler, die öfter zu mir kommen und die eher unruhig sind und im Unterricht Schwierigkeiten haben, zur Ruhe zu kommen, wählen sehr oft Knete als ihr Gestaltmittel. Dabei stellen sie keinen Zusammenhang zwischen ihrem Anlass zur Seelsorge her und dem, was sie tun, aber ich kann sehen, wie sie mit dem Kneten etwas bearbeiten.«

»Warum haben Sie sich für das Arbeiten mit gestalttherapeutischen Elementen entschieden? Welchen Mehrwert bietet diese Art von Arbeit für Sie?«

»Auf die Methode bin ich durch die Empfehlung von Karl-Heinz Lerch gestoßen, als ich an die Grundschule kam. Er hat mir das Buch von Violet Oaklander, ›Gestalttherapie mit Kindern und Jugendlichen‹, empfohlen. Dabei fand ich besonders attraktiv, dass Violet Oaklander die Arbeiten der Kinder nicht interpretiert, sondern selbst ihr Gestalten erklären lässt. Der therapeutische Zusammenhang ist natürlich ein anderer als in der Seelsorge, die schon vom Setting her nicht mit der gleichen Kontinuität und Verbindlichkeit einhergeht, sondern eher einmalig oder mit wenigen Treffen verbunden ist. Doch für mich war von Anfang an klar, dass Kinder nicht in gleicher Weise wie Erwachsene sprachgewandt und sprachorientiert sein können. Spielen dagegen ist ihr Alltagsgeschäft und ihr natürlicher Ausdruck. Dementsprechend halte ich einen spielerischen Zugang für die Kinder für sehr angemessen. Das hat sich in der Praxis auch so bestätigt. Sie lieben es, in der Seelsorge den Inhalt des Gestalttherapeutischen Schrankes auszupacken und einzusetzen.«

»Würden Sie mit allen Kindern, die in die Beratung kommen, gestalttherapeutisch arbeiten? Wenn ja, warum?«

»Tatsächlich beginne ich eine Beratung immer mit dem Gespräch und der Frage nach dem Anlass des Kommens. Die Kinder kennen den Schrank aber und wählen oft von sich aus die Methode, die sie möchten. Manchmal komme ich aber auch im Laufe eines Gesprächs auf die Idee, man könnte etwas mit den gestalterischen Mitteln verdeutlichen und dann ist das für die Kinder oft der

Anlass selbst, weiter damit zu arbeiten, weil sie sich durch die Gegenstände angesprochen fühlen. Manche suchen auch am Anfang das Gespräch und kommen später dazu, dass sie den Wunsch äußern, noch etwas malen oder spielen zu wollen. Ich denke dann oft, das ist ihre Art, das Besprochene weiter zu bearbeiten. Immer wieder staune ich über die Kompetenz der Kinder, in der Auswahl des Materials ihren eigenen Weg zu finden und so ihre Bedürfnisse zu befriedigen.«

»Welches gestalttherapeutische Material befindet sich in Ihrem Beratungsraum?«

»Ich habe einen sehr kleinen Seelsorgeraum, in dem nur ein kleiner Klapptisch, zwei Stühle und ein Sessel als Möbel sind. Dazu besagten Schrank mit 15 Fächern. Darin befinden sich Aquarellfarben, Buntstifte, Filzstifte, Malblöcke, Straßenmalkreide, Knete, Lego, Playmobilmännchen, Bauklötzchen, Servietten und Legematerialien.«

»Warum haben Sie sich für genau dieses Material entschieden?«

»Tatsächlich ist die Auswahl sehr stark durch die relative Enge beeinflusst. Malen und Bauen lässt sich auf diesem kleinen Raum gut umsetzen, für einen Sandkasten zum Beispiel wäre der Platz zu knapp, obwohl ich den für die Haptik gerne hätte, aber die Knete leistet hier auch sehr gute Dienste. Außerdem sind dies Materialien, die den meisten Kindern auch vom eignen Spielzeug her bekannt sind. Sie können sich also auf bekanntem Terrain ausdrücken. Die Legematerialien stellen für die meisten Kinder eine Neuerung dar, die sie sich mit Fantasie erobern können. Aber ich erlebe häufig, dass die Kinder auf die bekannten Dinge zurückgreifen. Ich vermute, das gibt ihnen Sicherheit.«

»Spricht ein Geschlecht besonders auf die gestalttherapeutischen Methoden an oder lässt sich das nicht so pauschal sagen?«

»Insgesamt muss ich sagen, dass Mädchen die Seelsorge häufiger wahrnehmen als Jungen. Im Verwenden des Materials kann ich dann allerdings keinen wesentlichen Unterschied mehr feststellen. Da scheint mir eher persönliche Neigung oder auch ein Gefühl dafür, ›was gut tut‹, ausschlaggebend zu sein, wie ich das bereits anhand der Knete dargestellt habe.«

»Lässt sich die gestalttherapeutische Arbeit auch mit anderen

Methoden verbinden? Wenn ja: Welche Erfahrungen haben Sie damit gemacht?«

»Wie ich bereits beschrieben habe, sind die Übergänge zu anderen Methoden oft fließend. Wir wechseln je nach Bedarf vom Gespräch zum Gestalten und umgekehrt. Häufig verwende ich auch das Gestaltmaterial, um systemische Betrachtungsweisen zu verdeutlichen, so kann man mit Bauklötzchen hervorragend Konfliktsituationen oder Gruppenkonstellationen darstellen. Die Kinder verstehen das meist ganz intuitiv und können ihrerseits in die Gestaltung der Situationen einsteigen. Außerdem werden hier schon kleine Veränderungen schnell sichtbar und sie erobern sich so auch viele Lösungsvorschläge spielerisch. Da ist eine offene Kombination gut machbar und förderlich. Manchmal braucht man nur versuchen, eine Situation aufzubauen und schon wird ganz viel klar. So habe ich einmal eine Dreiergruppe Mädchen in der Seelsorge gehabt, die immer wieder in unterschiedlichen Freundschaftskonstellationen zusammen waren, was zu erheblichen Spannungen geführt hat. Als sie mir das erzählten, nahm ich Bauklötzchen und ein Buch und versuchte, die Freundschaft aufzubauen. Ich stellte zuunterst ein Klötzchen, legte ein Buch darauf und versuchte dann oben drauf ein Klötzchen für jedes Mädchen zu legen. Die ganze Sache war aber so kippelig, dass die Mädchen sofort zu dem Schluss kamen: ›Sobald einer ein bisschen aus dem Gleichgewicht kommt, kippt alles - genau so ist das auch bei uns.‹ Damit hatten sie ein Sinnbild für ihre Freundschaft gefunden und es war ab da für sie klar, dass sie sehr sensibel miteinander umgehen müssen. Wir brauchten gar nicht groß erklären, die Mädchen waren mit dieser Erkenntnis viel kompetenter im Umgang mit ihrer Freundschaft. Manchmal ist es auch wichtig, die Blickrichtung der handelnden Personen einzubeziehen, dann eignen sich Playmobilmännchen sehr gut, um zu erkennen, dass ich zum Beispiel Freunde aus dem Blick verliere, wenn ich auf einen Menschen sehr fixiert bin. Ein Junge hat damit mal seine Familie aufgebaut und so festgestellt, dass er ständig voller Sehnsucht auf seinen Vater schaut, der aber nur selten zu Hause ist. Also richtet er den Blick immer in die Ferne und verliert dadurch seine Mutter und seinen kleineren Bruder aus dem Blickfeld. So wurde ihm klar, dass die Konflikte mit der Mutter, die er beklagte, nicht nur durch deren Schimpfen entstanden, sondern auch dadurch, dass er in Gedanken immer wieder weit weg war, und gar nicht auf sie hörte. Fließend sind auch die Übergänge zur Teilearbeit, die natürlich ihrerseits mit spielerischen und fantasievollen Elementen arbeitet. Hier bauen die Kinder von sich aus häufig auch die gestalterischen Elemente ein, indem sie mal schnell eine ›Requsite‹ malen. Und das Legematerial findet ja sowieso bei beiden Ansätzen seine Verwendung.«

»Vielen Dank für das Interview.«

Auch an dieser Stelle werde ich nicht weiter auf das Interview eingehen, sondern Sie wieder an die Hand nehmen, um sie zu einer weiteren Methode, der sogenannten Teilearbeit, zu führen.

5.2 Beratung mit Methoden der Teilearbeit

Bevor ich gleich auf die von Alfons Aichinger (2013) begründete Teilearbeit mit Tierfiguren eingehe, muss ich Sie zunächst wieder mit ein wenig theoretischem Vorwissen füttern. Die Teilearbeit basiert auf der Konsistenztheorie von Klaus Grawe (2004), welche er in seinem Buch »Neuropsychotherapie« darlegt. Ausgehend von Seymour Epsteins »Cognitive-Experiential Self-Theory« (2014) hat jeder Mensch vier psychische Grundbedürfnisse:

Selbstwirksamkeit, welche bei Grawe »ein Bedürfnis nach Orientierung, Kontrolle und Kohärenz« genannt wird, ein »Bedürfnis nach Lust [und Unlustvermeidung], ein Bedürfnis nach Bindung, ein Bedürfnis nach Selbstwerterhöhung« (S. 186). Im Laufe seines Lebens entwickelt der Mensch immer wieder Annäherungsschemata bzw. -strategien, um diese zu befriedigen. Das heißt, er verhält sich auf eine bestimmte Art und Weise, damit sein Bedürfnis gestillt wird. Ist das Grundbedürfnis in Gefahr, vernachlässigt zu werden, entwickelt der Mensch Vermeidungsschemata bzw. Schutzstrategien (S. 188). Er möchte sich selbst davor schützen, beispielsweise einsam und allein zu sein. Konsistenz bedeutet, dass diese Prozesse der Bedürfnisbefriedigung einerseits und der Schutzstrategie andererseits miteinander vereinbar sind. Ist eine dieser Strategien über längere Zeit vorherrschend, führt das zu Inkonsistenz (S. 191). An dieser Stelle ein Beispiel: Tritt ein Kind sehr selbstwirksam auf und ist zum Beispiel seinen Mitschülern gegenüber aggressiv, leidet die Bindung. Mit diesem Verhalten kann es schlecht gute Beziehungen aufbauen. Im Gegenteil. Seine Beziehung zu den Mitschülern, zur Klassenlehrerin und auch zu den Eltern kann gestört werden. In der Teilearbeit geht Aichinger davon aus, dass ein Kind für jede Lebenssituation Strategien entwickelt, um vernachlässigte Grundbedürfnisse zu befriedigen oder um sie zu schützen.

Was hat das Ganze nun mit »Teilen« und der »Teilearbeit« zu tun? Die Persönlichkeit eines Menschen wird als ein »inneres System von Persönlichkeitsanteilen bzw. [sogenannten] Ego States gesehen« (Aichinger 2013, S. 14)[13]. Mit diesen Anteilen ist gemeint, dass wir umgangssprachlich manchmal zwei

13 Als weiterführende Literatur zur Therapie mit »Ego States« empfehle ich Kai Fritzsche und Woltemade Hartman: »Einführung in die Ego-State-Therapie« (2010).

oder auch mehrere Seelen in unserer Brust fühlen. Der eine Teil von uns möchte gerade gern dieses Buch über Schulseelsorge an Grundschulen lesen. Der andere Teil sieht aber auch den verlockenden Sonnenschein durchs Fenster, der dazu einlädt, in der Natur spazieren zu gehen. Der Psychologe Alfons Aichinger unterstreicht, dass jeder dieser (An-)Teile in uns für ein Bedürfnis steht und sorgt. Diese Teile veranschaulicht er mit Tierfiguren (Spielzeugfiguren), mit welchen dann in der Beratung agiert wird. Die Tierfiguren haben zudem den Vorteil der »Konflikthaftigkeit«. Mit ihnen können innere Konflikte erkannt, ausgehalten und genutzt werden (Mückler o. J.)

Wenn man sich für die Nutzung dieser Methode entscheidet, muss man sich zunächst die Tierfiguren besorgen. Empfohlen werden die Figuren von Schleich oder Holztierfiguren von Ostheimer. Letzteren schreibt Aichinger (2013) eine »positive Ausstrahlung« (S. 227) zu. Zur Arbeit mit den Tierfiguren hat er ein eigenes Beratungskonzept erstellt: Die psychodramatische Teilearbeit mit Tierfiguren. Dieses Konzept wird in seinem Buch »Einzel- und Familientherapie mit Kindern« (2013) ausführlich geschildert und mit vielen Beispielen anschaulich dargestellt. Mit diesem Konzept arbeite ich in der seelsorgerlichen Beratung von Kindern sehr oft.

Bevor ich gleich auf die weiteren Inhalte der Teilearbeit mit Tieren eingehe, möchte ich aufgreifen, wann ich diese Methode der Beratung nutze: Nehme ich wahr, dass der Grund für die Beratung in einem nicht befriedigten oder gerade sehr dominanten Bedürfnis des Kindes liegt, entscheide ich mich für die Arbeit mit den Tierfiguren. Bevor ich verschiedene Figuren für das Kind auswähle und aufstelle, brauche ich erst einmal Informationen – je nach Beratungsgrund über das Kind selbst (Aichinger 2013, S. 44). Hier gibt es drei Möglichkeiten. Die erste ist, dass ich selbst das Kind schon sehr gut kenne und die Informationen bereits habe. Die zweite Möglichkeit ist, dass ich den Klassenlehrer frage, der das Kind meist sehr gut kennt, und die dritte Möglichkeit ist, dass ich das Kind selbst frage.

Um mit den Methoden dieser Teilearbeit zu arbeiten, ermutigte Aichinger in seinem Seminar, muss man keine Therapeutin sein. Man »darf« damit auch als Schulseelsorger arbeiten, von denen er schon einige in seinen Kursen hatte. Diese Aussage habe ich in einem Weiterbildungskurs, welchen ich bei Aichinger zu diesem Thema besuchte, als sehr hilfreich empfunden. Wenn Sie mit den im Anschluss vorgestellten Methoden arbeiten wollen, würde ich Ihnen empfehlen, im Vorfeld mit Expertinnen auf diesem Gebiet zu sprechen und vielleicht sogar eine Weiterbildung zu besuchen. Im Folgenden geht es also eher darum, ein Gefühl für die Methode zu bekommen, und nicht darum, diese 1:1 umzusetzen. Gleichzeitig können Sie für sich prüfen, ob sie zu Ihnen und Ihrer Arbeitsweise passt.

Aufstellung der verschiedenen Anteile am Beispiel eines ängstlichen Kindes

In einer ersten Stunde werden gemeinsam mit dem Kind dessen verschiedene Teile in Form von Tierfiguren aufgestellt. Dabei ist es wichtig, im Hinterkopf zu haben, dass jedes Teil und damit auch jedes Tier für eines der vier Grundbedürfnisse sorgt. Bei der Aufstellung gibt es eine bestimmte Reihenfolge, die beachtet werden sollte. Wenn man in dieser Methode sicherer ist, kann man darin auch freier agieren. Dazu werde ich in Kapitel 5.2 noch Ergänzungen hinzufügen. Wie schon im ersten Satz dieses Kapitels angedeutet, benötigt eine tiefgreifende Arbeit mit den Tierfiguren normalerweise nicht nur eine, sondern mehrere Beratungsstunden. Das sage ich dem Kind gleich in der ersten Stunde. Allerdings muss mir hierbei auch immer wieder klar sein, dass ich als Schulseelsorgerin keinen therapeutischen Prozess ersetzen, sondern nur einen Denk- oder Lösungsansatz bieten kann. Eine Möglichkeit, eine andere Perspektive auf das eigene »Problem« einzunehmen. Merke ich, dass das Problem im System der Familie begründet ist, behalte ich immer meine Liste mit Netzwerken, die als Anlaufstellen dienen könnten, im Hinterkopf. Vorausgesetzt, das Kind willigt ein, kann ich seiner Familie somit auch weiterführende und professionelle Hilfe empfehlen oder erste Kontakte herstellen.

Um das Ganze greifbarer zu machen, nennt Aichinger (2013) zwei Beispiele – ein eher sehr aggressives und ein sehr ängstliches Kind (S. 45 f.). Ich möchte in diesem Kapitel gerne auf die Beratung von ängstlichen Kindern eingehen. An vielen Schulen fallen die aggressiven Kinder frühzeitig auf und es werden entsprechende Maßnahmen ergriffen, meist sind dann auch Sozialpädagogen involviert. Ich nehme wahr, dass die eher ängstlichen und zurückhaltenden Kinder weniger Hilfe zur Selbsthilfe erfahren. Die sind dann eben »schüchtern«. In der Methode der Teilearbeit sehe ich eine große Ressource, die Kinder aus ihrer Komfortzone herauszulocken und ihre Selbstwirksamkeit zu stärken.

Ein Beispiel dafür wäre ein Kind, welches immer sehr große Angst hat und sich nicht traut, allein in das Schulgebäude und in die Klasse zu gehen und dort zu bleiben. Es bewundert andere Kinder, die das können. Hier ist die Schutzstrategie der Bindung dominant, das Kind möchte den sicheren Hafen der Mutter nicht verlassen. Die Strategie bewirkt zwar, dass es sich durch seine Unsicherheit immer wieder der Bindung zur Mutter versichern kann, weil das Bedürfnis nach Bindung befriedigt wird. Gleichzeitig wird der Aspekt der Selbstwirksamkeit so vernachlässigt, weil es dem Kind nicht gelingt, selbstständig und allein das Schulgebäude zu betreten (»Problemseite«).

Ich werde meine Ausführungen im Folgenden immer anhand dieses Beispiels veranschaulichen: Beim Vorgespräch mit einem ängstlichen Kind ist klar geworden, dass es sehr gut Inlineskates fahren kann. Es wählt zunächst ein Tier für seine Ressourcenseite aus. Diese bezeichnet einen Teil, bei welchem das Kind schon gut für ein Grundbedürfnis sorgt (S. 45). In unserem Beispiel wird es zu Beginn der Stunde aufgefordert, für den Teil von sich ein Tier auszusuchen, der schon ganz allein Inlineskates fahren kann. Also den Teil, der schon jetzt etwas wagt oder riskiert und für das Bedürfnis der Selbstwirksamkeit sorgt. In unserem Beispiel wählt das Kind einen Gepard, weil der sehr schnell ist, genauso schnell, wie das Kind Inlineskates fahren kann. Im Anschluss wird das Aussehen des Tieres genau beschrieben, seine Schönheit wertgeschätzt und seine Ressourcen und Stärken benannt (S. 46). Der Gepard hat wunderschönes, leuchtendes Fell und sieht sehr edel aus. Er hat schöne Augen und die Flecken auf dem Fell machen ihn zu etwas ganz Besonderem. So schnell wie er kann keiner laufen und er sieht dabei auch noch äußerst elegant aus. Bei dieser Methode musste ich mir erst einmal darüber klar werden, dass ich als Lehrerin im Unterricht immer sehe, dass alle Antworten, Gedanken, Beschreibungen von den Kindern kommen und nicht von mir. In die seelsorgerlichen Beratungsgespräche kommen allerdings oft Kinder, denen es nicht so leicht fällt, Worte für das, was in ihnen vorgeht, zu finden. Deswegen darf und muss ich in diesem Fall viele Eigenschaften selbst vorgeben. Damit ich dabei nicht am Kind vorbeirede, kann ich es immer wieder mitentscheiden lassen und mich so vergewissern. In unserem Beispiel kann ich also auch fragen »Was denkst du, wie schnell kann der Gepard rennen? Ist er in zwei oder zehn Sekunden durch unser Zimmer gerannt?«.

Wurde das erste Tier ausgewählt und wertgeschätzt, soll das Kind ein Tier für seine Problemseite benennen. Auch an dieser Stelle knüpfe ich noch mal an die Grundbedürfnisse von Grawe (2004) an: Jeder Teil sorgt für ein Grundbedürfnis. Das Problem des Kindes, weswegen es in die Beratung kam, wird hier konkret benannt. In unserem Beispiel stelle ich also die folgende Frage: »Du hast ja manchmal Angst, in die Schule zu gehen. Wenn du ein Tier für diese Seite wählen darfst, welches nimmst du?« Das Kind wählt einen kleinen Hasen. An dieser Stelle ist es besonders wichtig, den Hasen zu beschreiben, seine Schönheit und vielleicht Einzigartigkeit hervorzuheben und seine Stärken und Ressourcen zu verdeutlichen (Aichinger 2013, S. 46). Meist haben Kinder vor genau diesem Moment Angst, denn sie haben sehr oft erlebt, dass gerade dieser Teil von ihnen nicht geliebt wird oder am besten verschwinden soll. Sie erkennen: Dieser Teil ist einer, der sogar noch eine besondere Wertschätzung erhält. Vielleicht regt sich bei Ihnen Widerspruch, wenn Sie das lesen? Das ängstliche Kind soll Wertschätzung für seine Unsicherheit erfahren? Wie soll sich denn so etwas ändern? Wenn Sie solche oder ähnliche Gedanken in sich tragen, dürfen Sie gespannt weiterlesen und sich auf eine neue Idee einlassen: Die Problemseite des Kindes soll nicht »weggemacht«, sondern integriert werden.

In einem nächsten Schritt darf das Kind ein drittes Tier auswählen, das es selbst darstellt (S. 46): »Wenn du selbst ein Tier wärst, welches würdest du für dich wählen?« Auch die äußeren und inneren Eigenschaften des Tieres werden beschrieben. Das Kind wählt ein kleines Reh.

Anders als Aichinger, der in seinem Buch auch die Eltern miteinbezieht, würde ich dies nicht in jedem Fall tun. Aichinger arbeitet in seinen Beratungen sowohl mit dem Kind als auch mit den Eltern oder auch nur einem Elternteil. In der Beratungssituation der Seelsorge habe ich die Eltern nicht dabei. Wenn ich im Vorgespräch höre, dass das Problem eher im Kind selbst liegt, arbeite ich ohne die Aufstellung der Eltern. Sollte es sich als hilfreich oder notwendig erweisen, diese mit aufzustellen, kann dies nachgeholt werden. Damit ich Ihnen, liebe Lesende, einen ersten Eindruck der Methode vermitteln kann, werde ich die Aufstellung der Eltern erst in einem nächsten Unterkapitel darstellen. Zunächst soll der Übersichtlichkeit wegen die Nennung von drei Tieren genügen.

Wurden alle drei Tiere ausgewählt, werden sie auf den Boden, die Spielbühne, gestellt. Anschließend wird das Kind befragt, wie die Tiere zueinanderstehen, ob sie »zusammenarbeiten, koalieren, sich mögen oder bekämpfen« (Aichinger 2013, S. 46). Dabei soll das Kind entscheiden, ob bzw. welche Tiere nahe beieinander oder eher weiter weg voneinander stehen. Meist wird der Problemteil eher weiter weg von den anderen Tieren platziert. In unserem Falle ist also anzunehmen, dass das Kind Gepard und Reh nah beieinander hinstellt, aber den kleinen Hasen eher weiter weg.

Im nächsten Schritt wird das Kind zu einer »Vision« eingeladen. Es wird an Figuren aus bekannten Zeichentrickserien erinnert, in denen alle zusammenarbeiten und als Team etwas leisten, wobei sich jeder mit seiner besonderen Fähigkeit einbringen kann (S. 47). Jeder hat andere Fähigkeiten, die helfen können, damit das Team gemeinsam etwas erreichen kann. Der Gepard kann sehr weit rennen und ist sehr mutig. Er könnte zum Beispiel die anderen mit auf seinen Rücken nehmen und ganz weit wegrennen, wenn ihnen etwas Bedrohliches entgegenkommt. Der Hase kann mit seinen großen Ohren besonders gut hören und kann auch den leisesten Angreifer »erlauschen«, der sich heranpirscht. Das Reh kennt sich besonders gut im Wald aus und kennt dort alle Verstecke. Jedes der drei Tiere hat also eine nützliche Eigenschaft, die den anderen hilft und mit denen sich bestimmt viele Abenteuer erleben lassen.

Dieses Ziel der Freundschaft der drei Teile bzw. dass die verschiedenen Anteile als Team zusammenarbeiten, kann nicht in einer einzigen Beratungsstunde erreicht werden. Es ist ein Prozess, der einige Zeit in Anspruch nehmen kann. Nach der ersten Stunde muss ich das Gespräch daher in Ruhe Revue passieren lassen und mir aufschreiben, welche Tiere das Kind gewählt hat und welche Eigenschaften ihnen zugeschrieben wurden. Mit diesen kann ich dann in einer nächsten Stunde weiterarbeiten, wie im folgenden Kapitel gezeigt wird.

Symbolspiel mit Tierfiguren am Beispiel eines ängstlichen Kindes

Wie ich bereits im letzten Unterkapitel gezeigt habe, ist die Arbeit mit Tierfiguren ein Prozess, der mehrere Stunden umfasst.

Zu Beginn der zweiten Beratungsstunde mit Methoden der Teilearbeit werden die Tierfiguren der letzten Stunde nochmals aufgestellt und die Eigenschaften benannt (Aichinger 2013, S. 62). Im Sinne der Auftragsklärung wird das Kind auch an dieser Stelle gefragt, ob es schon eine Idee hat, die wir mit diesen Spielfiguren darstellen können (S. 63). Anschließend darf sich das Kind selbst eine Tierfigur und damit auch eine Rolle auswählen. Die beratende Person agiert in dieser Zeit meist unterstützend, beispielsweise in Form eines in etwa gleich starken Tieres, welches das vom Kind ausgewählte bei seinen Abenteuern und Geschichten begleitet (Aichinger 2013, S. 62). In unserem Beispiel wählt das Kind den kleinen Hasen als Spielfigur. Ich als Beratende nehme als Tier ein kleines Eichhörnchen.

Daran schließt sich der Aufbau der Szenerie an. Dieser ist je nach Beratungsgrund unterschiedlich zu begleiten. Zunächst ist es wichtig, dass das Kind so viel wie möglich selbst gestaltet und entscheiden kann. Wichtig für mich als Beratende ist auch das Material. Neben den in Kapitel 5.2 erwähnten Tierfiguren von Schleich oder Ostheimer benötige ich noch Tücher, Holzbausteine und weitere Baumaterialien. Ich frage das Kind, in welcher Umgebung die Tiere leben sollen – im Wald, Dschungel, auf einer grünen Wiese und so weiter. Beim Landschaftsaufbau achte ich darauf, dass es Möglichkeiten zum Trinken und Fressen, aber auch Rückzugsmöglichkeiten und Orte gibt, an denen die Tiere miteinander in Kontakt kommen können (S. 63). Dabei denke ich sowohl an das Tier des Kindes als auch an mein eigenes. So bauen wir dem Hasen einen schönen Hasenbau oder auch Hasenstall und für das Eichhörnchen in unmittelbarer Nähe einen kleinen Kobel im Baum.

Im Hinblick auf das Beispiel unseres ängstlichen Kindes habe ich im Hinterkopf, auch Hürden einzubauen, an denen der kleine Hase Mut beweisen und Selbstwirksamkeit erleben kann. Das wäre dann zum Beispiel ein unterirdischer Geheimgang unter der braunen Decke.

Ich als Beratende beginne das Spiel und kann so die Stimmung vorgeben (S. 65). Meist starte ich damit, dass ich die Kinder frage, zu welcher Tageszeit wir beginnen sollen – ob morgens oder abends. In den meisten Fällen antworten die Kinder, dass sie morgens beginnen wollen. Mein Eichhörnchen erwacht also, reckt und streckt sich ausgiebig und begleitet das auch immer mit Worten: »Oh, jetzt muss ich mich erst mal recken und strecken, damit ich so richtig wach werde. Ich habe so lange geschlafen, da muss ich jetzt erst mal was trinken gehen. Mmmh, was sehe ich denn da unten? Da ist ja ein kleiner Hase. Na, den muss ich mir mal genauer ansehen.« Und so schaffe ich eine erste Begegnungsmöglichkeit zwischen den beiden Tieren. Anschließend kann ich den kleinen Hasen etwas bewundern – welch schönes Fell er hat und erst seine langen Ohren, welche Stärken er wohl sonst noch hat? Ob ich von ihm etwas Neues lernen kann? Im Spiel kann der kleine Hase dann zeigen, dass er sich unter der Erde richtig gut auskennt und das Eichhörnchen kann bestaunen, wie toll er Tunnel bauen kann und fragt sich, ob sich der Hase auch traut, durch die Tunnel zu laufen. Begleitet wird das immer wieder von viel Staunen über das, was der Hase schon alles kann. Habe ich erst einmal den Einstieg geschaffen, kommen die Kinder von allein auf die besten Spielideen. Ich beende die Stunde damit, dass ich als Eichhörnchen feststelle, dass es ja schon Abend geworden ist und ich so müde von den vielen Abenteuern bin, dass ich erst mal wieder zurück in mein Nest muss. Ich ergänze, dass ich den Tag sehr genossen habe und so viel vom Hasen gelernt habe. Ich frage, ob wir uns noch mal treffen und ich dann vielleicht auch noch ein paar seiner Freunde kennenlernen kann. Außerdem frage ich den kleinen Hasen, wie das Abenteuer für ihn war.

Anhand dieser kurzen Sequenz kann ich Ihnen nur ansatzweise zeigen, wie das Symbolspiel »funktioniert«. Fakt ist, dass man es selbst einmal erlebt haben muss, da jedes Spiel eine andere Dynamik entwickelt und man danach immer das eigene sowie das Handeln des Kindes reflektieren muss. Es gibt noch viele weitere sogenannte »psychodramatische Interventionsmöglichkeiten« (Aichinger 2013, S. 66 f.), welche ich als Beratende in Form vom Eichhörnchen, aber auch anderen Tieren bieten kann. Dies erfordert jedoch einige Erfahrung und im besten Fall auch Begleitung beim Erlernen der Methode. Mein Anliegen ist es, in Ihnen Neugierde auf diese meines Erachtens so wunderbar kindgerechten Methoden zu wecken. Gehen Sie auf die Suche nach einem für Sie guten Zugang zur Teilearbeit, um sie nutzen zu können.

Diese Beratungsmethode kann im Hinblick auf nahezu jedes Problem genutzt werden, mit dem Kinder in die Beratung kommen. Ein sehr wichtiges Thema sind Beziehungen innerhalb der eigenen Familie oder auch zu anderen Kindern. Innerhalb der eigenen Familie wird oft die Eltern-Kind-Beziehung als Beratungsanliegen genannt. Gerade wenn Eltern in Trennung leben oder geschieden sind, belastet das ein Kind sehr.

Situation von Kindern im Trennungs- und Scheidungskontext

Um Kinder zu beraten, deren Eltern sich gerade mitten in einer Trennung oder Scheidung befinden, muss ich mich zunächst einmal mit den Auswirkungen dieser Umstände auf die Kinder beschäftigen.

Scheidung ist ein Thema, welches viele junge Menschen betrifft. Die Scheidungsrate in Deutschland liegt bei 39,9 %.[14] Dabei sind noch nicht die Kinder eingerechnet, die in zerbrechenden bzw. zerbrochenen Beziehungen leben. Es besteht also eine hohe Wahrscheinlichkeit, dass Kinder genau aufgrund dieser Problematik in die schulseelsorgerliche Beratung kommen. Dementsprechend wichtig ist es mir, das Thema aufzugreifen. Die Auswirkungen von Trennung auf die Kleinsten werden in der Forschung sehr unterschiedlich bewertet (Aichinger 2013, S. 216). Einigkeit besteht darin, dass die »elterliche Trennung […] für Kinder und Jugendliche ein krisenhaftes, einschneidendes Lebensereignis mit vielfältigen Belastungen [ist], das von ihnen Reorganisation und Umstrukturierung des Familienkonzepts erfordert« (Aichinger 2013, S. 216 f.). Gleichzeitig kommen die Kinder in eine Stressreaktion, die wiederum Strategien zur Bewältigung hervorruft bzw. auch erfordert (S. 217). Dies sind also Prozesse im Kind, die es im schulischen Alltag beschäftigen und teilweise die zusätzliche notwendige Aufmerksamkeit und Konzentration im Unterricht erheblich erschweren oder gar verhindern.

Der Anpassungsprozess der Kinder an die neue Situation dauert zwei bis drei Jahre (Winkelmann 2005, S. 43), manche Fachleute sprechen sogar von einem noch längeren Zeitraum (Aichinger 2013 S. 217). Kinder haben dabei einen individuellen Bewältigungsprozess, welcher von Risikofaktoren wie »chronischen Elternkonflikten« (Winkelmann 2005, S. 41), aber auch Schutzfaktoren wie der Beziehung zu Geschwistern oder anderen Beziehungen, die Kinder haben, beeinflusst wird (S. 43 f.). Diese Faktoren in Kombination mit den jeweils vorhandenen persönlichen Ressourcen sind bei den Betroffenen individuell ausgeprägt, sodass die Verarbeitung der Trennungssituation sehr unterschiedlich verläuft (Aichinger 2013, S. 218). Viele Faktoren beeinflussen den Verlauf. Susanne Winkelmann (2005) stellt in ihrer Dissertation heraus, »dass chronische Elternkonflikte aktuell als *das* Kardinalsymptom familiärer Systeme in

14 https://de.statista.com/statistik/daten/studie/76211/umfrage/scheidungsquote-von-1960-bis-2008/ (Zugriff am 23.05.2023).

Zusammenhang mit einer Gefährdung kindlicher Entwicklung gelten« (S. 40). Durch die damit einhergehenden Belastungen zeigen Kinder aus Trennungsfamilien nach außen sichtbare Störungen wie Aggression, aber auch solche, die das Kind innerlich entwickelt, wie zum Beispiel Ängste, Depressionen oder sichtbare Probleme in der Schule (Aichinger 2013, S. 221).

Auch die zu Beginn dieses Kapitels dargestellten Grundbedürfnisse eines Kindes leiden stark unter der Trennung der Eltern. Zuallererst verliert es seine Selbstwirksamkeit (S. 223). Etwas wird über seinen Kopf hinweg entschieden und es wird vor vollendete Tatsachen gestellt. In meiner beratenden Arbeit mit betroffenen Kindern ist es also wichtig, dass »das Selbstvertrauen [...] in ihre eigenen Fähigkeiten und Einflussmöglichkeiten« (S. 223) wieder gestärkt wird.

Ein weiteres verletztes Grundbedürfnis ist das Selbstwertgefühl (S. 223). Das Kind ist sich nicht mehr sicher, dass es voller Wert ist und von seinen Eltern geschätzt wird. Gerade Kinder, die beim fehlenden Elternteil erleben, dass dieser unzuverlässig ist und sie beispielsweise nicht regelmäßig oder pünktlich abholt, beziehen das auf ihren mangelnden Wert. Deshalb ist es wichtig, das herausragende Spiel der betroffenen Kinder, das im Abschnitt »Symbolspiel mit Tierfiguren« veranschaulicht wird, besonders hervorzuheben (S. 224).

Nicht zuletzt leidet auch das psychische Grundbedürfnis nach Bindung, an das sicherlich viele von uns zuerst dachten. Das Vertrauen, das Kinder in die »Beständigkeit und Verlässlichkeit von Beziehungen« (Aichinger 2013, S. 224) haben, leidet stark. Wenn die Beziehung der Eltern in die Brüche geht, wenn die Liebe zwischen den Eltern fehlt, zieht das Kind auch Rückschlüsse auf die Liebe der Eltern zu ihm selbst. Es hat Angst um die Beständigkeit der Beziehung (S. 224). Hinzu kommt die Unsicherheit derjenigen Anteile, die vom Vater oder der Mutter im Kind sind und nun die Mutter oder den Vater ganz anders erleben, denen die Verlässlichkeit dieser Personen fehlt.

Aufstellung von Tierfiguren mit Kindern im Trennungs- und Scheidungskontext

Durch die Teilearbeit mit Tierfiguren haben Kinder in Trennungskontexten im Schutzraum der Symbolebene die Möglichkeit, »über sich, ihre Bedürfnisse, Wünsche und Gefühle, und über ihre Familiensituation zu reden« (Aichinger 2013, S. 226). Mithilfe dieses Spielens auf der Symbolebene kann die Sprache der Emotionen und nicht die verstandsorientierte Sprache der Erwachsenen gesprochen werden (S. 226). Die im Kind wild durcheinander wirbelnden Gefühle können durch die Methode geordnet und damit auch bewältigt werden (S. 227). Auch hierbei ist es wieder wichtig, sich der eigenen Grenzen in der schulseelsorgerlichen Arbeit bewusst zu sein. Ich bin keine Therapeutin des Kindes und kann auch keine therapeutische Arbeit leisten. Dennoch ist mein Angebot der Schulseelsorge ein niederschwelliges Angebot und in vielen Fällen die einzige Möglichkeit, diesen Kindern konkret zu helfen, weil die Eltern dafür keine Notwendigkeit sehen. Diese Überlegung hat mir ein Stück weit die Angst genommen, etwas »falsch« zu machen, denn ohne mich würde das Kind gar keine Möglichkeit haben, auch nur ansatzweise Ordnung in sein Leben zu bringen oder keinen Ort haben, an dem es zeigen kann, was in ihm vor sich geht.

Die Beratung eines Kindes von getrennten Eltern beginnt nach der Auftragsklärung damit, dass ich es einlade, sich mich mir auf den Boden meines Beratungsraumes zu setzen. Es wählt ein Tier für sich selbst und anschließend für Mama und Papa (S. 246). Nachdem das Kind ein Tier für sich selbst ausgesucht hat, frage ich zuerst nach der Mama, die gut für das Kind sorgen kann und von einem entsprechenden Tier dargestellt werden sollte. Danach frage ich nach einem Tier, das die gute Seite des Papas von früher, als noch alle zusammen waren, repräsentiert. Für den Fall, dass die Mutter die Familie verlassen hat, handle ich entsprechend anders.

Ich werde auch hier wieder ein Beispiel wählen, damit Sie sich diese Aufstellung besser vorstellen können. In unserem Falle wählt das Kind für sich selbst einen kleinen Eisbären, für die fürsorgliche Mama ein Huhn und für den guten Papa einen Löwen. Die gewählten Tiere werden auch an dieser Stelle wertgeschätzt und ihre Ressourcen hervorgehoben (Aichinger 2013, S. 246). Ich achte dabei besonders sensibel auf die Reaktionen des Kindes. Merke ich beispielsweise, dass es auf einen Elternteil gerade sehr sauer ist und aus dieser Emotion nicht herauskommt, bitte ich das Kind, eine Figur für den betroffenen Elternteil aufzustellen, um seine Wut zu würdigen und ihr Raum zu geben (S. 246).

Anschließend wähle ich die Jungtiere der für die gute Seite der Eltern gewählten Tierfiguren. In unserem Beispiel also einen kleinen Löwen und ein Küken. Ich erzähle, dass das Kind, als es noch im Bauch der Mutter war, Anteile von der Mama und vom Papa mitbekommen hat. Also sind in ihm nicht nur der kleine Eisbär, sondern auch ein kleiner Löwe und ein Küken. Die drei waren ein wunderbares Team und konnten sich immer das von den Eltern holen, was sie so brauchten, um zu wachsen (S. 246). Wenn der kleine Löwe herumtollen wollte, konnte er mit seinem Löwenpapa gemeinsam auf die Jagd gehen. Brauchte das kleine Küken Schutz und Geborgenheit, konnte es sich unter den großen Flügeln der »Mama Huhn« verstecken und einkuscheln. Der kleine Eisbär wusste, dass es den zwei anderen gut ging und konnte sich das holen, was er brauchte. Die drei waren ein gutes Team.

Danach darf das Kind die Situation der Trennung mithilfe der Tierfiguren aufstellen (S. 246). Der Löwenpapa ist einfach ausgezogen und die Huhnmutter war auf einmal mit den drei Jungtieren allein.

Anschließend verbalisiere ich als Beratende die Gefühle des kleinen Löwen und Kükens bei der Trennung. Dabei kann ich seine »Wünsche, Sehnsüchte und Bedürfnisse artikulieren« und [für den kleinen Eisbären] die Wut und das Bedürfnis, die Eltern für die Schuld zu strafen« (S. 247). Dabei ist es zunächst wichtig für das Kind, dass ich viel vorgebe und spreche und mir dabei immer wieder sein Einverständnis geben lasse (247). Damit kann ich dem Kind helfen, mehr Ordnung in das Gefühlschaos zu bringen (S. 248). Ich kann beispielsweise davon reden, dass es dem kleinen Küken bei der Mama richtig gut geht, weil es Hühnerfutter fressen und richtig satt werden kann. Aber dass der kleine Löwe seinen Löwenpapa ganz arg vermisst, weil er niemanden mehr zum Toben hat und auch Hunger verspürt, den die winzig kleinen Körner des Huhns nicht stillen können. Beim Löwenpapa geht es dem kleinen Löwen wiederum richtig gut, weil er herumtoben kann und ordentliche Fleischportionen bekommt, aber das kleine Küken hätte lieber sein Körnerfutter und große Flügel, um darunter zu kuscheln. Der kleine Eisbär als dritter im Bunde, versucht zu vermitteln, und sucht nach einer Möglichkeit, dass der kleine Löwe mit »Mama Huhn« herumtoben oder das kleine Küken mit dem Löwenpapa kuscheln kann. Allerdings ist das eine echt anstrengende Arbeit und ständig muss er wachsam sein und trösten, wenn es einem der beiden nicht gut geht. Er kann somit auch nur schlecht für seine eigenen Bedürfnisse sorgen. Hier kann gefragt werden, was sich der kleine Eisbär denn wünschen würde. So lässt sich spielerisch und gemeinsam mit den Kindern eine Lösung auf der Symbolebene finden.

In vielen Familien laufen die Trennungen allerdings nicht ganz so »harmonisch« ab, sodass nicht immer nur die guten Seiten der Mutter oder des Vaters zum Vorschein kommen. Genau wie die Kinder tragen auch die Erwachsenen verschiedene Anteile in sich. Wenn der Löwenpapa also mal wieder die Familie besuchen kommt, um sein Kind zu sehen, wird ihm nicht zwangsläufig die gute Huhnmutter begegnen. In so einem weniger »harmonischen« Fall darf das Kind ein Tier auswählen, das stattdessen zum Vorschein kommt. In unserem Beispiel wählt es für die Mutter ein Nashorn. Das Kind wird dann befragt, wie sich das Nashorn verhält, wenn es den Löwenpapa sieht. Es schnaubt vor Wut und sagt ganz böse und gemeine Worte. Und da reicht es dann auch dem Löwenpapa. Der verzieht sich und ein anderes Tier kommt zum Vorschein. Das Kind wählt einen Tiger für den Papa. Auch der ist richtig sauer auf die Nashornmama und brüllt diese an, erzählt das Kind. An dieser Stelle darf ich als Beratende eingreifen und die Gedanken von dem Küken, dem kleinen Löwen und dem kleinen Eisbären aussprechen. Das Küken und der kleine Löwe haben nämlich ziemlich Angst, wenn da auf einmal ganz andere Tiere hervorkommen, die so groß und wütend sind. Tiere, die laut und furchteinflößend sind. Tiere, an die man sich nicht mehr so ankuscheln kann, zu denen weder der kleine Löwe noch das kleine Küken gehen wollen. Der kleine Eisbär verwendet seine Bärenkräfte darauf, zwischen den beiden Großen zu vermitteln, aber seine Kräfte reichen dafür nicht aus.

Mithilfe der verschiedenen Tiere lassen sich Situationen, in denen nicht der gute und fürsorgliche Teil der Eltern, sondern das andere Tier zum Vorschein kommt, gut nachspielen. Dabei ist es wichtig, immer wieder die Gefühle und Gedanken der kleinen Tiere auszusprechen und sich bei dem Kind rückzuversichern, ob das gerade auch seine eigenen Gedanken sind. Anschließend kann mit ihm an der Fragestellung gearbeitet werden, wegen derer es zur Beratung kam. Auf der Symbolebene lassen sich gemeinsam mit dem Kind Lösungsmöglichkeiten finden, da dies die Ebene ist, welche die kindlichen Emotionen anrührt.

Dennoch gibt es Situationen, in denen ich merke, dass wir auf der Vorstellungsebene, auf der ich nur die Tiere und nicht die Situation als Ganze sehe, keine Lösungsmöglichkeiten finden. In diesem Fall nutze ich den Aufbau von einer Spiellandschaft (siehe Abschnitt »Symbolspiel mit Tierfiguren«). Auf dieser spielerischen Ebene kann ich mit den Kindern noch einmal ganz anders in die Situation hineingehen und in verschiedenen Rollen verschiedene Perspektiven einbringen.

Das Kind bekommt durch die Wahrnehmung der verschiedenen Anteile in Form von Tieren eine neue Sicht auf die unterschiedlichen Gefühle, die in ihm miteinander ringen. Es hat so die Möglichkeit, zu erfahren, dass jedes Gefühl einen Ursprung und auch eine Berechtigung hat. Ein Beispiel ist die Sehnsucht nach dem Löwenpapa, während es bei der Huhnmama lebt. Diese Sehnsucht hat nichts damit zu tun, dass das Kind die Huhnmama nicht mehr liebt. Nein, denn es gibt neben dem kleinen Küken, das die Huhnmama braucht, eben auch einen kleinen Löwen im Kind, das den Löwenpapa braucht. Auch die Unterscheidung zwischen »Löwenpapa« und »Tigerpapa« ist wichtig, um zu verstehen, dass es immer noch eine gute und fürsorgliche Seite des Papas gibt, die nur gerade versteckt ist. Und dass das Kind genau diese »Löwenpapaseite« aber auch ansprechen kann. Wichtig ist, dass ich mit den Kindern, wenn ich über das Symbolspiel sprechen möchte, immer auf der Symbolebene bleibe. Ich spreche nicht vom Papa oder der Mama, sondern unterscheide konsequent zwischen Huhn- oder Nashornmama und Löwen- oder Tigerpapa. Das Kind braucht diesen Schutz, um nicht in einen Loyalitätskonflikt zu geraten (Aichinger 2013, S. 226 f.).

Ich habe in der Beratung wahrgenommen, dass die Kinder ihre Situation durch diese Methode noch mal ganz anders »verstehen« und dies auch so verbalisieren konnten. Mithilfe der Tierfiguren können dann auch in folgenden Stunden weitere Szenen aus dem Erleben des Kindes nachgestellt werden, wobei aber immer auf der Symbolebene gehandelt werden muss, damit die verschiedenen Anteile dort miteinander agieren und Probleme gelöst werden können. Durch die Möglichkeit, problematische Situationen auf der Symbolebene zu lösen, erlangen die Kinder Selbstwirksamkeit und die Überzeugung, etwas erfolgreich tun zu können, zurück. Mit dieser inneren positiven Einstellung können sie Probleme auch im realen Leben angehen und ihre Selbstkontrolle zurückgewinnen.

Weitere Beratungskontexte mit Teilearbeit

Im Unterkapitel »Aufstellung der verschiedenen Anteile am Beispiel eines ängstlichen Kindes« habe ich erwähnt, dass Kinder nicht nur wegen familiärer, sondern auch wegen freundschaftlicher Beziehungen in die Beratung kommen. Es fällt ihnen schwer, bestimmte Reaktionen oder Verhaltensweisen von guten Freunden oder Freundinnen zu verstehen – wenn es Streit gab, zum Beispiel. In solchen Fällen kann es helfen, wenn das zu beratende Kind sich erst einmal selbst als »Mischung« verschiedener Anteile in Form von Tierfiguren versteht.

Das Kind könnte in diesem Fall ein Tier für den Teil von sich wählen, der schon viel mit dem Freund erlebt hat und dem es in der Freundschaft gut geht, und das Tier auch wieder beschreiben. Da es hier um das Bedürfnis nach Bindung geht, wird oft ein anschmiegsames Tier, welches Gesellschaft liebt, ausgesucht – beispielsweise ein kleiner Bär. Anschließend lasse ich ein Tier aufstellen, das in dem Kind zum Vorschein kam, als es sich in der problematischen Situation, meistens einem Streit, befand. Je nach Persönlichkeit kann das ein Tier sein, welches sich entweder schnell zurückzieht, weil es keinen Streit mag oder gar Angst bekommt, oder eines, das den Gegner anspringt und selbst laut brüllen kann. Nehmen wir an, dass sich das Kind in Streitsituationen eher extrovertiert verhält und einen Löwen wählt. Im Sinne der Teilearbeit lasse ich es die Eigenschaften, Fähigkeiten und Stärken dieses gewählten Tieres beschreiben oder übernehme dies selbst – natürlich immer in Absprache mit dem zu beratenden Kind. Anschließend lasse ich noch ein Tier für das Selbst aufstellen. Hierfür wählt das Kind eine Katze.

Danach frage ich auch in diesem Fall wieder, wie die drei Tiere zueinanderstehen, ob sie sich nahe sind oder eher Abstand voneinander haben wollen, was ihre Wünsche und Bedürfnisse sind. Es ist außerdem sehr hilfreich, als

Beratende selbst den Gefühlen der Tiere eine Stimme zu geben. Der kleine Bär fühlt sich mit der Katze wohl. Mit ihr kann er sogar kuscheln. Vor dem kleinen Löwen hat er manchmal Angst, vor allem wenn er so herumbrüllt und sein Maul aufreißt. Ich frage den kleinen Löwen, wann das denn passiere, dass er so herumbrüllt, wie es der kleine Bär erzählt. So kann das Kind unter dem Schutz der Symbolebene von den eigenen Gefühlen sprechen und verstehen, dass es beide Seiten in sich trägt. Je älter es ist, desto eher kann auch die kleine Katze – also das Selbst – die Regie übernehmen, den kleinen Löwen zurückrufen und stattdessen den kleinen Bären vorschicken, der die Beziehung sucht.

Es geht hierbei nicht um die Schuldfrage oder eine Stellungnahme »für« oder »gegen« eine Freundschaft. Es geht mir eher darum, dass das Kind sich selbst verstehen lernt, wenn es immer wieder in solche Situationen kommt. Wenn es erforderlich ist, vereinbare ich weitere Termine mit dem Kind und gebe »kleine Hausaufgaben« mit, wie etwa den kleinen Bären zu beobachten: In welchen Situationen ist er da und präsent? In welchen zieht er sich eher zurück? So kann ich mit dem Kind gezielt an der Selbstwahrnehmung arbeiten. Das ist ein erster wichtiger Ausgangspunkt, um eigene Wünsche und Bedürfnisse zu äußern. Ein weiterer Aspekt ist, dass das Kind den Freund selbst als aus verschiedenen Teilen bestehend wahrnehmen kann: Einem Teil, dem es in der Freundschaft gut geht, einem, der auf Streit reagiert, und ein Selbst. Allerdings verzichte ich persönlich in den meisten Fällen darauf, auch für die Freunde Teile zu stellen. Ich möchte das Kind in der Beratung selbst stärken und begleiten. Beziehe ich den Freund mit ein, ohne dass dieser selbst anwesend ist, führt das schnell zu einer gewissen Unübersichtlichkeit: Es stünden nicht nur drei, sondern sechs Tierfiguren da, mit denen agiert werden müsste. Zudem ist es ein großer Balanceakt für mich als Beratende, auf der einen Seite gut auf das Kind zu achten, den Tierfiguren und damit seinen Bedürfnissen eine Stimme zu geben, und auf der anderen Seite auch gegenüber dem anderen Kind Neutralität zu wahren.

Darüber hinaus lassen sich die Tierfiguren für Geschwisterkonflikte nutzen. Ich würde in diesem Fall wie bei den Freundschaften vorgehen. Ich muss allerdings immer im Hinterkopf behalten, dass der bestehende Konflikt auch systemisch zu betrachten ist, weil das System Familie einen großen Einfluss hat.

Nachdem ich nun zwei Methoden des persönlichen Gespräches mit Kindern skizziert habe, die ich teilweise auch schon mit Inhalt verknüpft habe, möchte ich im nächsten Kapitel eher inhaltlich arbeiten. Auch wenn eine Verflechtung mit Methoden der Teilearbeit durchaus gegeben ist.

5.3 Angebote bei Leistungsdruck

In den vorherigen Kapiteln ging es um Methoden, mit welchen ich Kinder im Einzelsetting beraten kann. Diese habe ich teilweise auch schon an konkrete Inhalte wie Scheidung oder Ängste gekoppelt. Im jetzt folgenden Kapitel möchte ich auf konkrete Inhalte eingehen, die mir in meinen Beratungsgesprächen begegnen, und schildern, wie ich damit umgehe. Dabei möchte ich zeigen, wie meine aktuelle Arbeit mit diesen Inhalten aussieht. Ich evaluiere und reflektiere meine Arbeit beständig und lerne gern dazu. Wenn ich also davon schreibe, wie ich *aktuell* damit umgehe, kann es sein, dass das in ein bis zwei Jahren schon wieder ganz anders aussieht. Jede Schulseelsorgerin wird diesbezüglich ihre eigenen Erfahrungen machen und ich werde nicht müde, zu schreiben, dass Sie, liebe Lesende, immer das herausarbeiten und mitnehmen dürfen, was am besten zu Ihnen und Ihrem »Stil« passt.

Sorgen von Kindern in (Grund-)Schulen

An jeder Schule gibt es verschiedene Themen, welche die Kinder besonders beschäftigen. In manchen sogenannten »Brennpunktschulen« sind es existentielle Sorgen und Gedanken, die die Kinder bewegen. Dies führt dazu, dass sie ein für ihre kleinen Schultern viel zu großes Päckchen voller Verantwortung und finanzieller Sorgen tragen müssen. Das kann sie so stark vereinnahmen, dass sie gar nicht in der Lage sind, gedanklich am Unterricht teilzuhaben. In vielen dieser Schulen gibt es Schulsozialarbeiter, welche einen wertvollen und wichtigen Dienst leisten. Sie haben bei ihrer Arbeit nicht nur das Kind, sondern auch das System Familie im Blick. In meinen Augen wäre Schulseelsorge auch hier hilfreich – als Entlastung und Ergänzung zur Schulsozialarbeit. In der Schulseelsorge bin ich nicht dem Jugendamt angeschlossen oder habe als Angestellte dieser Institution einen eingeschränkten Handlungsspielraum und eine Informationspflicht dem Amt gegenüber. Ich kann als Schulseelsorgerin an einer Schule mit Schulsozialarbeitern ergänzend individuell mit dem Kind arbeiten und mich dabei erst einmal nur auf das Kind konzentrieren – und gleichzeitig geraten die Systeme Familie und Schule durch eine gute Vernetzung mit der Schulsozialarbeit nicht aus dem Blickfeld.

An anderen Schulen gibt es mehrheitlich Kinder aus sogenannten »gut situierten« Elternhäusern, welche finanziell eher weniger Nöte kennen. Dass sich das durch Scheidung schnell ändern kann, habe ich bereits im Verlauf dieses Kapitels dargelegt. Ein beherrschender Gedanke von Kindern an solchen Schulen bezieht sich auf das Thema »Leistung«: Sie spüren einen enormen Leistungsdruck und haben den Wunsch, unbedingt aufs Gymnasium zu gehen. Wenn sie das erste Mal Noten bekommen, machen sie ihren eigenen Wert oftmals von diesen abhängig: »Ich bin schlecht«, »ich kann nichts«, »niemand schreibt so schlechte Noten wie ich« sind Sätze, die an diesen Schulen häufig zu hören sind.

Grundschulen sind allgemeinbildende Schulen für Schüler und Schülerinnen aller sozialen Schichten. Es besteht Schulpflicht, und meist geschieht die Schulzuweisung je nach Einzugsgebiet, in dem das Kind wohnt. Dementsprechend spiegeln einige Grundschulen das breite Spektrum der Gesellschaft wider, sodass Schulseelsorge nicht nur die eine oder andere beschriebene Klientel an Kindern, sondern auch die dazwischen berücksichtigen muss. Ich selbst war nie Lehrerin oder Schulseelsorgerin an einer Brennpunktschule. Daher kann ich hier nicht aus der Praxis berichten. Mir war es dennoch wichtig, diese Einsatzmöglichkeit der Schulseelsorge zu erwähnen, denn vielleicht fühlt sich ja jemand von Ihnen hiervon angesprochen und erkundigt sich in der eigenen Landeskirche nach Möglichkeiten, als Schulseelsorger tätig zu werden. Es ist ein großes, brachliegendes Ackerfeld mit so viel Potential. Wir als Schulseelsorgende können so viel für die Kinder tun, um ihnen aus unserer christlichen Perspektive von Identität, Angenommensein und Stärke in Schwachheit zu erzählen. Ich kann und möchte nun also in diesem Unterkapitel auf den schulseelsorgerlichen Umgang mit Kindern eingehen, die unter Leistungsdruck stehen.

Gespräch über Leistungsdruck – Auftragsklärung

Kinder sind nicht erst in der Grundschule Bewertungen ausgesetzt. Schon im Kindergarten erleben sie, wie Erwachsene das, was sie gebaut, gebastelt oder gemalt haben, mit Aussagen wie »sehr schön«, »gut«, »hier müsstest du aber noch was verändern« oder gar »da hast du dir aber gar keine Mühe gegeben« bewerten. In Kapitel 2.2 bin ich darauf eingegangen, dass Heranwachsende in der Zeit des Schuleintritts empfänglich für Wertschätzung und Ablehnung werden (Delfos, zit. nach Erikson 2005, S. 73). Dies ist meines Erachtens auch eng an die eigene Leistung gebunden. Kinder sehnen sich nach Wertschätzung und fragen nicht ohne Grund so oft danach, ob der Erwachsene sich ihre Räder, die sie schlagen können oder gebastelten Kunstwerke einmal kurz ansehen kann.

Der Fokus der Kinder, die unter Leistungsdruck stehen, liegt auf dem, was sie (noch nicht) können. Als Lehrerin sehe ich, wie die Systeme Familie und Schule, dieses Leistungsdenken oft bewusst oder unbewusst fördern und nähren. Als Schulseelsorgerin arbeite ich aber nur mit einer Komponente dieses Systems – dem Kind. Im Grunde genommen nährt sich das eigene Selbstwertgefühl über die Wertschätzung, oder ihm wird durch Ablehnung bzw. fehlende Wertschätzung die Nahrung entzogen. Dies ist etwas, woran ich mit dem Kind arbeite.

Zuallererst möchte ich die Gedanken präsentieren, die ich im Hinterkopf habe, wenn ein Kind, das unter Leistungsdruck steht, zu mir in die Beratung kommt. Voraussetzung für eine lösungsorientierte Beratung ist, dass als erstes das Kind selbst sein Anliegen vorbringt und wir gemeinsam besprechen, was mein Auftrag ist. Dabei komme ich zunächst ohne weitere Medien wie Tierfiguren etc. aus. Kinder, die mit dem Thema Leistungsdruck zu mir kommen, sind in der Regel schon älter, da sie bei uns in Hessen erst Ende der zweiten Klasse ein Zeugnis mit Noten bekommen. Von daher ist eine verbale Auftragsklärung möglich. Oft bekomme ich auf meine Frage nach dem Auftrag zu hören, dass ich den Kindern »einfach sagen soll«, was sie tun sollen. Auf diese Aufforderung hin sage ich den Ratsuchenden, dass ich zwar schon Lösungsideen habe, aber dass das eben meine eigenen Ideen sind und diese eher zu mir passen, als zu meinem Gegenüber. Dass wir gemeinsam auf die Reise gehen dürfen, um zu sehen, womit das Kind am besten arbeiten kann, und was es gut in seinem eigenen Leben und (Schul-)Alltag umsetzen kann.

Exemplarisches Beispiel: »Ich habe eine 5. Wie sage ich's meinen Eltern?«

Ein Kind kommt nicht zu mir in die Beratung und sagt: »Ich leide unter Leistungsdruck. Was können wir tun?«. Stattdessen sind zunächst bestimmte Ereignisse ausschlaggebend, wie z. B. die Fünf in der Mathearbeit, die das Kind seinen Eltern noch beichten muss. Zu Beginn geht es also akut um eine Situation, in der das Kind Ohnmacht erlebt und Hilfe sucht. In einer solchen Beratungsstunde ist leider nur begrenzt Zeit, um tiefgreifender am eingangs erwähnten Selbstwertgefühl zu arbeiten. Deshalb werde ich am Ende der Beratungsstunde einen Zusatztermin mit dem Kind verabreden.

Bleiben wir beim Beispiel der schlechten Note vom Anfang. Nach der Auftragsklärung ist es mir wichtig, gemeinsam herauszuarbeiten, mit welchen Gefühlen das Kind zu mir in die Beratung kommt. Die Wahrnehmung der eigenen Gefühle ist ein wichtiger Baustein meiner Beratung. Dabei hilft mir wieder der »Seelenvogel«, mit welchem ich den einzelnen Klassen meine Arbeit als Schulseelsorgerin vorstelle und welche ich in Abschnitt 4.1 näher erläutere. Ich habe immer die Schublade mit den verschiedenen Bildern des »Seelenvogels« griffbereit in meinem Beratungsraum. Entweder arbeite ich mit der Schublade oder nur mit den einzelnen Bildern. Ich lasse die Ratsuchenden die

Schublade oder das Seelenvogelbild auswählen, welches am besten zu seinen Gefühlen passt, wenn sie daran denken, den Eltern oder dem Elternteil die Nachricht über die Note zu überbringen. Dabei sagen die Kinder mir, wenn möglich, wie der ausgewählte »Seelenvogel« für sie aussieht und wie er sich fühlt. Ich gebe den Ausblick und die Hoffnung, dass sich die Kinder am Ende der Stunde anders fühlen.

Danach begebe ich mich mit dem Kind gedanklich in die Situation, in der es nach Hause kommt. Wie fühlt es sich dabei? Ich möchte am Selbstwertgefühl der Kinder arbeiten. Bei den meisten ist dies ein wichtiger Grund für die Ängste, die es hinsichtlich seiner Leistung in sich birgt.

Ich fahre damit fort, zwei Möglichkeiten aufzuzeigen, welche ich durch Tierfiguren verdeutliche. Zum einen könnte das Kind als kleines ängstliches Mäuschen nach Hause geschlichen kommen. Ein Mäuschen, das sich selbst ganz klein fühlt, und wegen der schlechten Note denkt, dass es gar nichts kann. Zum anderen könnte es auch als Katze nach Hause kommen, die weiß, dass sie eine schlechte Note bekommen hat. Allerdings weiß sie auch, dass sie eine sehr gut aussehende Katze ist, die mächtig schnell rennen kann und sehr stark ist. Kann die schlechte Note etwas daran ändern, wer sie ist? Im Anschluss daran arbeite ich mit dem Kind an der Frage, wer es selbst ist. Dazu habe ich verschiedene Möglichkeiten. Ich könnte beispielsweise weiter mit den eingangs erwähnten Tierfiguren arbeiten. Diese Methode habe ich in Abschnitt 5.2 dargelegt.

Außerdem könnte ich gestalterisch arbeiten. Ich nehme ein leeres weißes A4-Blatt, auf das ich den Umriss eines Menschen zeichne. Wir sammeln anschließend gemeinsam, was das Kind richtig gut kann. Hierzu gehe ich gern auf außerschulische Aktivitäten ein und Ereignisse, bei denen das Kind zum Beispiel schon einmal besonders mutig war – im Schwimmbad, auf dem Spielplatz, im Freizeitpark … All das male oder schreibe ich in den Umriss des Menschen. Eine weitere gestalttherapeutische Möglichkeit wäre es, einen Umriss des Kindes mit Bodenlegematerialien nachzubilden und dort Dinge hineinzulegen, die bestimmte Eigenschaften repräsentieren. Der Fantasie der Kinder sind dabei keine Grenzen gesetzt. Und auch wenn ich selbst keine Idee habe, welche Materialien für bestimmte Fähigkeiten oder Eigenschaften genutzt werden können, hat das Kind sicher eine. Zusätzlich zum dargestellten Vorgehen kann Näheres zu dieser Methode in Unterkapitel 5.1 nachgelesen werden.

Nachdem wir – mit welcher Methode auch immer – gemeinsam erarbeitet haben, wo die Stärken des Kindes liegen, lese ich sie ihm noch einmal vor und gebe ihm, falls möglich, auch das Bild in die eigenen Hände.

Um der von den Kindern empfundenen Ohnmacht etwas entgegenzusetzen, hat es sich bewährt, sie wieder zu etwas zu ermächtigen. Sie sehen zu lassen, wo und wie sie selbst eine Situation gestalten können, in der sie den Eltern oder dem Elternteil die Nachricht überbringen. Dabei erarbeite ich mit den Kindern gern detailliert und mit Hilfe von Zeichnungen oder Bausteinen, in welchem Raum der Wohnung oder des Hauses sie sich wohlfühlen und ihren Eltern die Note mitteilen wollen. Anschließend üben wir gemeinsam, mit welchen Worten sie ihre Eltern auf die Note vorbereiten möchten. Für viele Kinder ist es wichtig, ihre Eltern zu bitten, ruhig zu bleiben und »nicht zu schimpfen«. Und dann? Frei heraus mit der Nachricht.

Am Ende ist es wichtig, gemeinsam zu klären: Wer oder was gibt mir den nötigen Mut, damit ich nicht als Maus, sondern als Katze in die Situation gehe? Ist es der Glaube an Gott, der über meiner Situation steht und mit dem ich jederzeit reden kann, oder an Jesus, der als unsichtbarer Freund immer bei mir ist? Ist es ein Mut-Stein, den ich mir einstecken kann und der mich daran erinnert, was ich alles kann und dass ich ein wunderbarer Mensch bin, unabhängig von meinen Noten? Für mich hat es sich bewährt, den Kindern tatsächlich so einen kleinen Mut-Stein mitzugeben. Das ist etwas zum Greifen und Begreifen. Trotzdem muss klar sein, dass unser Gespräch, der Mut-Stein und alle Vorbereitung kein Garant dafür sind, dass das die Mitteilung der Note an die Eltern genauso verläuft, wie wir uns das wünschen. Und dass die Reaktion der Eltern nichts an dem ändern kann, wer wir sind: Wunderbare Menschen. Ich verabrede mit den Kindern in jedem Falle einen Termin nach dem Gespräch mit den Eltern. Damit wir gemeinsam darüber sprechen können, wie es gelaufen ist. Damit wir gemeinsam feiern oder aber überlegen können, was uns weiterhilft, wenn die Eltern bzw. der Elternteil die schlechte Note nicht so gut aufgenommen haben.

Eine schlechte Note mag das Kind nicht existentiell betreffen, auch wenn dies von ihm so wahrgenommen werden kann. Wenden wir uns dem Thema Trauer und Verlust zu, ist dies schon eher der Fall.

5.4 Umgang mit Trauer und Verlust

Nachdem ich im vorangegangenen Unterkapitel ein Beispiel für den Umgang mit Leistungsdruck gegeben habe, folgt nun eine weitere inhaltsbezogene Möglichkeit, schulseelsorgerlich mit Kindern zu arbeiten. Ich möchte in diesem Unterkapitel nun vom Umgang mit den Folgen von Todesfällen, mit Trauer und Verlust schreiben. Gleich zu Beginn verweise ich deshalb noch einmal auf Kapitel 4.4, in welchem ich unmittelbare Maßnahmen und Handlungen nach einem krisenhaften Ereignis schildere. An dieser Stelle gehe ich gehe davon aus, dass die Maßnahmen, die unmittelbar nach dem krisenhaften Ereignis nötig sind, bereits erfolgt sind. Wie in Kapitel 2.1 beschrieben, ist es wichtig, im Falle einer Krise schnell zu reagieren, damit ihre Folgen gut aufgefangen werden können.

In diesem Kapitel knüpfe ich daran an und zeige auf, welche Möglichkeiten der Begleitung der Betroffenen bestehen. Ich schreibe dabei zunächst bewusst allgemein von der Arbeit mit trauernden Kindern, ohne sie in einen Kontext mit dem Tod eines nahen Angehörigen oder Mitgliedes der Schulgemeinschaft zu setzen. In diesem Kapitel gehe ich nicht auf den Umgang mit Kindern ein, welche ein unmittelbares, traumatisierendes Erlebnis wie den Tod eines Menschen hatten. Die Aufarbeitung dieser Art von Trauer gehört für mich in die Hände von fachkundigen und speziell dafür ausgebildeten Menschen. Ich selbst kann in diesem Falle aber unterstützen, indem ich eine Liste von Adressen und Kontakten habe, an welche sich die Eltern der Kinder wenden können, und bei der Kontaktaufnahme helfen. Wenn ich während meiner beratenden Tätigkeit merke, dass ich bei einem Kind mit meinen schulseelsorgerlichen Methoden nicht weiterkomme, dass die Ursache bestimmter Verhaltens- oder Denkmuster tiefer liegt, kann ich auch währenddessen an fachkundige Beratung verweisen oder dorthin begleiten.

Bevor ich mich allerdings zu den praktischen Handlungsmöglichkeiten äußere, werde ich erst einmal wieder eine theoretische Grundlage schaffen, auf welcher wir später unsere Handlungen aufbauen können.

Todeskonzept bei Kindern

Zu Beginn möchte ich auf das Todeskonzept von Kindern eingehen. Für Kinder ist der Tod in den frühen Lebensjahren nur ein Begriff, den sie noch nicht mit Inhalt füllen können (vgl. Daoud 2018). Sie entwickeln erst später ein Konzept davon, was mit dem Wort »Tod« gemeint ist. Dieses Füllen eines bloßen Begriffes mit Verständnis ist von der kognitiven Entwicklung des Kindes abhängig, wird aber auch von seiner emotionalen Entwicklung beeinflusst.[15] Bis zum Ende der Grundschulzeit hat das Kind den Tod noch nicht in seiner gesamten Bandbreite erfasst (Peters 2014, S. 173). Das Begreifen des Todes in seiner Gesamtheit erfolgt stufenweise (vgl. Schwarz 2003), verläuft aber nicht bei allen Kindern gleich. In der Literatur sind unterschiedliche Altersangaben zu finden. Wie in Kapitel 2.2 zu lesen ist, unterscheidet Jean Piaget (1990) verschiedene Entwicklungsstufen des Kindes. Diese nutzt auch Elisabeth Schwarz (2003) in ihrem Artikel »Die Entwicklung kindlichen Sterblichkeitswissens«. Da dieser Artikel schon etwas älter ist, habe ich ihn mit neueren Erkenntnissen abgeglichen und festgestellt, dass ihre Ausführungen immer noch Gültigkeit

15 https://dorsch.hogrefe.com/stichwort/todeskonzept-beim-kind (Zugriff am 25.05.2023).

haben.[16] Sie schreibt, dass Kinder im Alter von sechs bis neun Jahren die Vorstellung haben, dass der Tod in Form eines Skelettes oder eines alten Mannes auftritt, also eine Person ist. Sie glauben, dass diese Person erscheint, wenn sie böse waren, sie ihr aber auch entkommen können. Im Gegensatz zu noch jüngeren Kindern glauben sie außerdem an die eigene Sterblichkeit (S. 200). Sie wissen zudem, dass Menschen nicht nur sterben, wenn sie alt sind, sondern ein Leben auch durch andere, Krankheit oder einen Unfall beendet werden kann. Nicht zuletzt wissen sie, dass ein toter Mensch keine Handlungen wie waschen, essen und schlafen ausführen kann.

Im Alter von zehn bis vierzehn Jahren wird den Kindern zunehmend klarer, welche Konsequenzen der Tod mit sich bringt. Dazu passt auch, dass Kinder in diesem Alter verstehen, dass der Tod endgültig ist und jeden ereilt, dass alle Körperfunktionen zum Stillstand kommen. Außerdem können sich die Heranwachsenden dank ihrer zunehmenden Empathiefähigkeit auch in die Trauer anderer Menschen hineinversetzen und sind dazu in der Lage, »ihre Trauer selbst zu gestalten« (S. 201). Kinder in diesem Alter beschäftigen sich auch zunehmend mit der Frage, was auf den Tod folgt (S. 201). Erst in der zweiten Stufe, in welcher sie meist älter als zehn Jahre sind, können sie sich vorstellen, dass es ein Leben nach dem Tod gibt.

Diese Stufen sind mit der kindlichen Erfahrungswelt verbunden, in welcher sie durchaus ihre eigenen Erfahrungen mit dem Tod sammeln. Dazu zählen beispielsweise mediale Erfahrungen, in welchen Kinder dem Thema Tod begegnen und dieses verarbeiten. In den heutigen Klassenzimmern sitzen außerdem viele Kinder, die innerhalb ihrer Kultur mit den jeweils eigenen Riten im Zusammenhang mit dem Thema Tod in Berührung gekommen sind. Darüber hinaus beeinflusst die religiöse Prägung ihr Todeskonzept. Weitere wichtige Einflussfaktoren für die Wahrnehmung von Endlichkeit sind »Persönlichkeitsmerkmale [wie] insbesondere Ängstlichkeit«. Diese Angst vor Tod und Sterben wird im Laufe der Lebensdauer immer größer.[17]

Trauer als Prozess

Hanne Shah (2014) schreibt in ihrem Artikel »Vom Traurig-Sein und Trauern«, dass es für sie einen Unterschied zwischen Traurigkeit, also dem Gefühl von Trauer, und der Trauer als Zustand gibt. Dieser Unterschied erscheint

16 Siehe hierzu Senf u. Eggert (2014) im Artikel »Entwicklungspsychologische Aspekte in der Arbeit mit trauernden Kindern und Jugendlichen«.

17 https://dorsch.hogrefe.com/stichwort/todeskonzept-beim-kind (Zugriff am 26.05.2023).

mir in der Einordnung der Reaktionen, die Kinder zeigen, wichtig. Trauer als Zustand kann man ihnen nicht direkt ansehen, da sie oft unserer Meinung nach untypische Verhaltensweisen wie Wut oder Erstarrung zeigen. Dieses Verhalten ist nach außen gerichtet, und auch wenn es untypisch ist, kann man daran doch beobachten, dass die Trauer im Kind arbeitet. Schlechter ersichtlich ist der Trauerprozess in Kindern, die den Schmerz zu Beginn gar nicht wahrnehmen und deshalb erst einmal gar nichts fühlen und somit auch nach außen emotionslos erscheinen (S. 164). Es dauert längere Zeit, bis die Betroffenen sich in der Lage fühlen, diesen selbst gebauten »Schutzraum« zu verlassen und sich dem Schmerz auszusetzen (Witt-Loers 2016, S. 42)

Allerdings löst nicht jeder Verlust, den wir erleben, einen Trauerprozess aus. Ein Trauerprozess beginnt dann, wenn man etwas verloren hat, zu dem man eine Beziehung hatte, die man nicht loslassen möchte. Wurde ein schwerer Verlust erlebt, kann der Trauerprozess sehr lange dauern, länger als von außen erwartet wird (S. 38). Wie im vorangegangenen Kapitel beschrieben, begreifen Kinder je nach Entwicklungsstufe den Tod auf immer komplexere Art und Weise. Dies hat auch Einfluss auf den Trauerprozess. Wurde ein schwerer Verlust erlebt, besteht die Möglichkeit, dass dieser nochmals neu betrauert wird (S. 41). Stephanie Witt-Loers schreibt in ihrem Buch, dass manche Trauerprozesse nie ein Ende finden (S. 38).

Dabei ist es wichtig zu wissen, dass das Kind gleichzeitig empathisch für die Gefühle wird, die in der eigenen Familie bestehen und sich der Schmerz somit noch einmal potenziert. Der Prozess der Trauer – unabhängig davon, ob von Anfang an gefühlsbetont oder emotionslos – verläuft in Wellen. Trauer findet nicht nur im Kind selbst statt, es lebt vielmehr – sollte der Tod die Kernfamilie betreffen – in einer Atmosphäre der Trauer (Shah 2014, S. 164).

Wie kann ich trauernde Kinder in der Schulseelsorge begleiten?

Bevor ich trauernde Kinder berate, sollte ich meine eigenen Verlusterfahrungen reflektiert haben (Witt-Loers 2016, S. 14). So wie mir begegnet wurde, als ich selbst getrauert habe, begegne ich anderen, die sich in der von außen betrachtet gleichen Situation befinden (S. 11). So wie ich mir selbst Wissen über den Trauerprozess und die daran geknüpften Reaktionen angeeignet habe, kann ich Trauernden souverän oder auch – im Falle fehlenden Wissens – unsicher und letztendlich verletzend begegnen (S. 12). Die Strategien, die ich angewendet habe, um meine eigene Trauer zu bewältigen, empfehle ich bewusst oder unbewusst meist auch anderen (S. 14). Weiterhin empfiehlt es sich – mit Einverständnis des Kindes – das Gespräch mit den Erziehungsberechtigten zu suchen, um zu besprechen, welche Unterstützung es außerschulisch bekommt und mit welcher Frequenz und inhaltlichen Schwerpunkten die schulseelsorgerliche Begleitung stattfinden sollte. Außerschulische Unterstützung kann beispielsweise in Lacrima[18] gefunden werden, einer Gruppe der Johanniter, die sich auf die Trauerbegleitung von Kindern und Jugendlichen spezialisiert hat. Weitere Kinder- und Jugendtrauergruppen finden Sie online. Meistens sind sie regional verwurzelt.

Kinder trauern anders als Erwachsene, da sie, wie bereits beschrieben, kognitiv und emotional noch nicht die Entwicklungsstufe erreicht haben, auf der sie abstrakt denken und Zeitabläufe erfassen können. Auch vom sprachlichen Ausdrucksvermögen her mangelt es noch an Vokabeln für komplexe Sachverhalte (Witt-Loers 2016, S. 50). Das kann bei Kindern dazu führen, dass sich eine starke Verhaltensänderung zeigt, die für Erwachsene nicht erklärbar ist und auch bei Bezugspersonen nicht ohne Wirkung bleibt (S. 52). Gerade jüngere Kinder trauern »in Pfützen«, das heißt, in einem Moment zerfließen sie in Tränen und im anderen spielen sie wieder. Begegnet mir als Schulseelsorgerin eine solche Reaktion eines trauernden Kindes, ist es wichtig zu verstehen, dass dies ein natürlicher Vorgang ist. Kein Trauerprozess gleicht dem anderen und auch die Gefühle, welche sich in diesem Prozess Bahn brechen, sind sehr unterschiedlich (S. 63).

Im Trauerprozess erleben Kinder eine unglaubliche Spannbreite von Gefühlen, die zum Teil auch widersprüchlich sein können. Sie fühlen »Schmerz, Verzweiflung, Liebe, Angst, Panik, Sehnsucht oder Dankbarkeit. Sie reichen zudem von Heiterkeit […] bis hin zu Wut, Aggression und tiefer Traurigkeit« (Witt-Loers 2016, S. 52). Alle Grundbedürfnisse wie Bindung, Selbstkontrolle, Selbstwert, Lust und Unlustvermeidung werden kräftig durcheinander geschüttelt und geraten aus der Bahn. Begegnen mir also Kinder in dieser Bandbreite der Emotionen zwischen Wüten, Weinen oder Lachen, reagiere ich darauf im Idealfall tolerant und gelassen (S. 44). Kinder müssen sich mit diesen Gefühlen in ihnen und mit dem erlittenen Verlust auseinandersetzen. Geschieht das nicht, kommen alle verdrängten Gefühle irgendwann – in einem meistens unpassenden Moment – explosionsartig zum Vorschein. Lässt das Kind Gefühle zu, kann es mit der Zeit lernen, diese zu steuern und auszudrücken (S. 52).

Ich kann in meiner Beratung Kindern Raum für nonverbale oder verbale Gefühlsausdrücke schaffen (S. 45). Die Möglichkeiten dazu habe ich in den Kapiteln 5.1 und 5.2 skizziert. In der Literatur finden sich zahlreiche weitere

18 https://www.johanniter.de/spenden-stiften/projekte/spenden-fuer-kinder-und-jugendliche-mit-den-johannitern-zukunft-schaffen/lacrima-trauerbegleitung-fuer-kinder-und-jugendliche/ (Zugriff am 26.05.2023).

Methoden. Hierbei empfiehlt es sich außerdem, die Kinder selbst zu fragen, was ihnen bisher beim Umgang mit Gefühlen der Trauer bzw. des Verlustes geholfen hat. Gerade in den Klassen drei und vier haben viele Kinder eine Antwort darauf. Falls nicht - was in der Ohnmacht der Situation auch gut möglich ist - kann ich etwas anbieten. Wichtig ist, dass ich den Verlust des Kindes nicht kleinrede oder meine, ihn relativieren zu müssen. Ich kann die Trauer des Kindes ernst nehmen, indem ich ihm und seinen Gefühlen Raum und Ausdrucksmöglichkeiten gebe. Das ist deshalb wichtig, weil Trauer oft »Gefühle der Hilflosigkeit, der Ohnmacht und des Ausgeliefertseins« mit sich bringt. Das Durchleben der Gefühle ist wichtig, auch wenn es schmerzhaft ist, denn so können Kinder aktiv mit dem Verlust umgehen und ihn sogar gestalten (S. 47). Im Kontext dieser Gefühle ist es hilfreich, mit den Kindern gemeinsam zu erforschen, was ihnen trotz Ohnmachtsgefühlen gelingt. Das können ganz niederschwellige Dinge sein wie der Satz: »Du hast es geschafft, trotz all der Schwere und Leere in dir, heute hierher zu kommen. Das hast du ganz allein geschafft, obwohl es dich bestimmt viel Kraft gekostet hat.« Ich kann als Seelsorgerin einen Nährboden für solche Selbstwirksamkeitserlebnisse schaffen. Weitere Erfahrungen von Selbstwirksamkeit lassen sich schaffen, indem ich die Kinder entscheiden lasse, was wir in der Seelsorgestunde tun wollen: Ein Bild malen, ein Spiel spielen, etwas gestalten ...

Kinder kostet der gesamte Trauerprozess, aber insbesondere auch das Erleben der eigenen im Aufruhr befindlichen Gefühlswelt viel Kraft - auch das braucht Verständnis. Ich muss dabei im Hinterkopf behalten, dass jedes Kind seine Trauer anders zeigen und gestalten wird (S. 47).

Ein weiterer wichtiger Bestandteil der Begleitung trauernder Kinder ist es, dass diese den Verlust als einen unveränderbaren Bestandteil ihres Lebens annehmen können (S. 48). Dies sollte nicht gleich zu Beginn der Beratung das Ziel sein, sondern im Verlauf der Arbeit mit dem Kind wichtig werden. Die natürliche Reaktion auf den Verlust eines geliebten Menschen, den man, wie oben beschrieben, nicht gehen lassen möchte, ist das innerliche Verschließen vor der Realität des Todes (Witt-Loers 2016, S. 48). Dabei ist der Entwicklungsstand des Kindes sehr wichtig, denn dieser beeinflusst, inwieweit das Kind den Tod verstehen und einordnen kann. Für das Begreifen mit Hilfe des wie auch immer ausgeprägten Verstandes des Kindes ist es wichtig, dass es auf seiner Entwicklungsstufe Zusammenhänge erklärt bekommt (S. 48). Ich sehe dies nicht als (alleinige) Aufgabe der Schulseelsorge, sondern der Bezugspersonen des Kindes, die es emotional begleiten. Als Seelsorgerin kann und sollte ich auch die Eltern des betroffenen Kindes hinsichtlich außerschulischer Unterstützungssysteme beraten, denn auch sie müssen gestärkt werden.

Etwas zukunftsorientierter ist das Thema »Sich an die neue Lebenssituation anpassen und Neuorientierung finden« (S. 48). Haben die aktuellen Gefühle Ausdruck gefunden – oder finden ihn immer wieder neu – und wurde die Endgültigkeit des Todes akzeptiert, kann neuer Raum gesehen und eingenommen werden. Dazu gehört unter anderem, dass das Kind in dem System, in dem es den Verlust erlebt hat, eine neue Rolle findet (S. 49). In erster Linie denke ich dabei an die Familie, aber auch den Freundeskreis oder die eigene Klasse. Das Kind ist immer noch ein Teil der Klasse, daran hat sich nichts geändert. Die Klassengemeinschaft mit all ihren Ritualen und Regeln ist und bleibt ein wichtiger Stabilisierungsfaktor für das Kind.

Ein weiteres Thema ist es, dem Verlorenen im aktuellen Lebenskontext Raum zu schaffen (S. 49). Dass eine Person, die mir nahe stand, verstorben ist, bedeutet nicht, dass ich nie mehr an sie denken oder von ihr reden darf. Sie ist Teil meines Lebens und ich habe eine Beziehung zu ihr. Kindern tut es gut, in der schulseelsorgerlichen Beratung einen Ort zu haben, an dem sie über den verstorbenen Menschen reden können, ohne dass sie Angst haben müssen, beim Gegenüber unangenehme Gefühle auszulösen.

Die genannten Themen tauchen im Laufe des lange währenden Trauerprozesses immer wieder auf und werden aufgrund anderer Sichtweisen oder Bewertungen auch immer wieder anders in den eigenen Kontext eingeordnet (S. 49). Die Entwicklung des Kindes spielt in jedem Fall eine wichtige Rolle. Schulseelsorge bewegt sich auf einem schmalen Grat. Einerseits ist die Schule, wie oben beschrieben, ein wichtiger Stabilisierungsfaktor für das Kind und bietet ihm die Möglichkeit, aus der Traueratmosphäre zu Hause oder in der Freizeit einfach mal auszusteigen und sich wieder »normal« erleben und einfach als Kind fühlen zu dürfen. Es ist dementsprechend kontraproduktiv, wenn ich als Schulseelsorgerin ständig zu dem Kind gehe und meine Begleitung aufdränge. Stattdessen erinnere ich nach einem ersten intensiveren Kontakt immer mal wieder an mein Angebot. Innerhalb des normalen und so wichtigen Schulalltags entsteht so eine kleine Insel des Angebots der Trauerarbeit, die jederzeit wieder verlassen werden kann.

6 Ein Nachklang

Liebe Lesende!

Sie sind nun am Ende dieses Buches angekommen. Wie bleiben Sie zurück? Welche Gedanken nehmen Sie mit? Mit welchen Emotionen haben Sie dieses Buch oder auch einzelne Kapitel gelesen?

Ich selbst habe durch den Schreibprozess noch einmal ein ganz anderes, viel umfassenderes Verständnis von Schulseelsorge an Grundschulen bekommen. Ich habe bemerkt, wie vielschichtig die Rolle der Schulseelsorgerin ist und konnte dabei feststellen, dass ich meinen eigenen Fokus immer wieder hinterfragen und gegebenenfalls auch anpassen sollte.

Diese Reise hat mir weiterhin gezeigt, wie wichtig es ist, niemals das Kind aus dem Blick zu verlieren. Es nicht zu über-, aber auch nicht zu unterfordern mit dem, was in der Interaktion zwischen uns geschieht, und bei all dem immer wieder sensibel und reflektiert zu bleiben.

Ich gebe zu: Es gelingt mir nicht immer. Ich stelle nicht immer die richtigen Fragen. Ich wähle nicht immer von Beginn an die richtige Methode. Obwohl ich all dieses Wissen im Hinterkopf habe, kommt es auch bei mir zu Fehleinschätzungen von Situationen. Deshalb sind Reflexion und regelmäßige Gespräche mit anderen Schulseelsorgenden so wichtig. Sich selbst immer wieder hinterfragen zu lassen. Korrektur zuzulassen. Sich entschuldigen können. Sich selbst vergeben können. Vergebung annehmen. Gerade bei letzterem hilft mir mein Glaube an jemanden, der in allem, was ich tue, bei mir ist, und der mir vergibt, wenn ich Fehler gemacht habe.

Diese Reflexion und die sich daraus ergebenden Handlungen sind Fähigkeiten, die ich niemals durch das Lesen eines Buches erlernen kann. Es sind Entscheidungen und Erfahrungen, die mich in meiner Arbeit als Schulseelsorgerin prägen. Entscheidungen und Erfahrungen, die sich nicht zwischen zwei Buchdeckel pressen lassen, welche allein jedoch auch nicht reichen. Handeln ohne ein Grundwissen über Kinder, ihre Entwicklungsstufen und Bedürfnisse sowie ihnen gerechte Gesprächsmöglichkeiten bleibt fundamentlos. Praxis ohne kindgerechte Methoden geht am Kind vorbei und bietet nur wenig Mehr- und Nährwert. Es ist wie so oft die Mischung aus allen Komponenten: Theorie, Praxis und Erfahrungen, resultierend aus Entscheidungen und Reflexion, die meiner Meinung nach ein gutes und starkes Fundament schulseelsorgerlichen Arbeitens bietet.

Ich mache Ihnen an dieser Stelle Mut, sich einen kleinen Gedanken aus diesem Buch herauszusuchen, der Sie als Lehrer oder Lehrerin, als Mutter, Vater, Mensch herausfordert. Der sie herausfordert, neu zu denken, neu zu handeln, aus einer Komfortzone herauszutreten und sich in eine experimentierfreudige Wachstumszone hineinzubegeben.

Ich wünsche mir von Herzen, dass es Religionslehrkräfte gibt, die dieses Buch in den Händen halten und denken: »Schulseelsorge und Religionsunterricht: Das gehört zusammen. Ich mache mich nun auf die Suche, wie ich diese schulseelsorgerliche Dimension in meine Art, das Fach Religion zu unterrichten, integrieren kann.« Und ich möchte Mut machen, erste kleine Schritte in diese Richtung zu gehen. Sich ein kleines Projekt wie eine »Stille Pause« oder eine Gesprächszeit pro Woche vorzunehmen und dafür Begleitung und Unterstützung zu suchen. Einen ersten »Mutschritt« in Richtung des Unbekannten zu gehen. Doch ich möchte auch Mut machen, größer zu denken.

Kai Horstmann (2020) stellt in einem Aufsatz die Frage: »Sollte die schulseelsorgerliche Haltung nicht auch den [Religions-]Unterricht bestimmen?« (S. 153). Ich persönlich sehe in Schulseelsorge mehr als nur einen Aspekt des Religionsunterrichtes. Indem ich mich selbst als Schulseelsorgerin bezeichne, trete ich den Schülern und Schülerinnen oder auch dem Kollegium gleichsam in dieser Rolle entgegen. Damit möchte ich mir im übertragenen Sinne Raum schaffen, innerhalb dessen ich über Schulseelsorge an meiner eigenen Schule und den dort vorherrschenden Bedingungen nachdenken kann. Dabei denke ich nicht nur an meine Religionsklassen, sondern darüber hinaus an alle Kinder an der Schule. Indem ich beispielsweise die Bedarfe aller an der Schule beteiligten Personen ermittle, kann ich meinen Blick erweitern. Das geht für mich über meine Aufgabe als Religionslehrerin hinaus und ist so viel mehr. Ich selbst musste auch erst einmal in die Rolle der Schulseelsorgerin hineinwachsen. Sie mir zu eigen machen und sie zurecht schustern, bis sie zu mir und meiner Art auf Menschen zuzugehen, passte.

Das Feld der Schulseelsorge an Grundschulen ist groß. Es gibt nur wenige Arbeiter und Arbeiterinnen. Ich hoffe von Herzen, dass mein Buch bei dem ein oder anderen Lesen Lust auf die Arbeit in diesem brachliegenden Feld voller Verheißungen und Möglichkeiten gemacht hat. Es liegt so viel Verheißung und Segen in dieser Arbeit – gerade mit den Kindern: »Denn solcher ist das Himmelreich« (Mt 19,17).

7 Literatur

Monografien

Aichinger, Alfons (2011): Resilienzförderung mit Kindern. Kinderpsychodrama Band 2. Wiesbaden.
Aichinger, Alfons (2013): Einzel- und Familientherapie mit Kindern. Kinderpsychodrama Band 3. Wiesbaden. E-Book.
Büttner, Gerhard/Dieterich, Veit-Jakobus (2016): Entwicklungspsychologie in der Religionspädagogik. Göttingen.
Daoud, Scherin Salama (2018): Abschied, Tod und Trauer. Kompetenzorientierte Materialien für einen einfühlsamen Religionsunterricht. Hamburg.
Delfos, Martine F. (2015): »Sag mir mal ...« Gesprächsführung mit Kindern (4–12 Jahre). Weinheim/Basel.
Engelbrecht, Arthur/Storath, Roland (2002): Krisenmanagement in der Schule und Schritte zur Krisenbewältigung. München.
Epstein, Seymour (2014): Cognitive-Experiential Self-Theory. An Integrative Theory of Personality. Oxford.
Erikson, Erik H. (2005): Kindheit und Gesellschaft. Stuttgart.
Görtz SJ, Philipp (2010): Nach den Sternen greifen. Ignatianische Schulpastoral und Kollegseelsorge. Konzeptionelle Erwägungen und Konkretisierungen. Frankfurt a. M.
Grawe, Klaus (2004): Neuropsychotherapie. Göttingen.
Knüvener, Catarina (2019): Monster-Besuch. Noch mehr kleine Alltags-Schrecken. Frankfurt a. M.
Lienau, Anna-Katharina (2017): Schulseelsorge. System struktureller Kopplung. Leipzig.
Lucado, Max (2007): Du bist einmalig. Holzgerlingen.
Mack, Ulrich (2011): Handbuch Kinderseelsorge. Göttingen.
Oaklander, Violet (1978): Gestalttherapie mit Kindern und Jugendlichen. Stuttgart.
Piaget, Jean (1990): Das Weltbild des Kindes. Frankfurt a. M.
Portmann, Rosemarie (2011): Die 50 besten Spiele für mehr Selbstvertrauen. München.
Städler-Mach, Barbara (2004): Kinderseelsorge. Seelsorge mit Kindern und ihre pastoralpsychologische Bedeutung. Göttingen.
Snuit, Michal (1995): Der Seelenvogel. Hamburg.
Witt-Loers, Stephanie (2016): Wie Kinder Verlust erleben ... und wie wir hilfreich begleiten können. Göttingen.

Herausgeber:innenwerke

Comenius-Institut (Hg.) (2019): Evangelische Schulseelsorge. Empirische Befunde und Perspektiven. Zusammenfassung von Ergebnissen der Evangelischen Bildungsberichtserstattung. Münster/New York.

Evangelisch-Lutherische Kirche in Bayern und Katholisches Schulkommissariat in Bayern (Hg.) (2018): Notfallhandbuch Schule für den Umgang mit Tod und akuten Krisen. Heilsbronn.

Kirchenamt der evangelischen Kirche in Deutschland (EKD) (Hg.) (2015): Evangelische Schulseelsorge in der EKD. Ein Orientierungsrahmen. Hannover.

Beiträge in Herausgeber:innenwerken

Eggert, Lisa/Senf, Bianca (2014): Entwicklungspsychologische Aspekte in der Arbeit mit trauernden Kindern und Jugendlichen. In: Müller, Monika/Röseberg, Franziska (Hg.): Handbuch Kindertrauer (S. 17–24). Göttingen.

Barkowski, Thomas (2010): Vorbereitet sein. In: Evangelisch-Lutherische Kirche in Bayern und Katholisches Schulkommissariat in Bayern (Hg.): Wenn der Notfall eintritt. Handbuch für den Umgang mit Tod und anderen Krisen in der Schule (S. 1–6). Heilsbronn.

Spenn, Matthias (2011): Seelsorge in der Schule Begründungen, Bedingungen und Perspektiven evangelischer Schulseelsorge – eine Zwischenbilanz. In: Dam, Harmjan/Spenn, Matthias (Hg.): Seelsorge in der Schule – Begründungen, Bedingungen, Perspektiven (S. 7–16). Münster.

Schön, Thomas (2012): Der Blick auf die Kindheit aus gestalttherapeutischer Sicht. In: Anger, Heike/Schön, Thomas (Hg.): Gestalttherapie mit Kindern und Jugendlichen (S. 123–152). Bergisch-Gladbach.

Hauck, Barbara (2010): Kirche begleitet Menschen in Krisen – Gott ist ein Gott, der mit uns geht. In: Evangelisch-Lutherische Kirche in Bayern und Katholisches Schulkommissariat in Bayern (Hg.): Wenn der Notfall eintritt. Handbuch für den Umgang mit Tod und anderen Krisen in der Schule (S. 1–4). Heilsbronn.

Keller, Ulrich (2010): Der Trauer einen Raum geben – Trauer und Trauerbegleitung. In: Evangelisch-Lutherische Kirche in Bayern und Katholisches Schulkommissariat in Bayern (Hg.): Wenn der Notfall eintritt. Handbuch für den Umgang mit Tod und anderen Krisen in der Schule (S. 15–21). Heilsbronn.

Müller-Cyran, Andreas (2010): Notfall – Trauma – Krise. In: Evangelisch-Lutherische Kirche in Bayern und Katholisches Schulkommissariat in Bayern (Hg.): Wenn der Notfall eintritt. Handbuch für den Umgang mit Tod und anderen Krisen in der Schule (S. 1–4). Heilsbronn.

Reddemann, Ulrike (2010): Die Schatzkiste (nicht nur) für den Notfall füllen. Die innere psychische Widerstandskraft von Schüler/inne/n und Lehrer/inne/n fördern. In: Evangelisch-Lutherische Kirche in Bayern und Katholisches Schulkommissariat in Bayern (Hg.): Wenn der Notfall eintritt. Handbuch für den Umgang mit Tod und anderen Krisen in der Schule (S. 5–15). Heilsbronn.

Beiträge in Zeitschriften

Baumgarten, Franz/Göbel, Kristin/Lampert, Thomas/Hölling, Heike/Klipker, Kathrin (2018): Psychische Auffälligkeiten bei Kindern und Jugendlichen in Deutschland – Querschnittergebnisse aus KiGGS Welle 2 und Trends. Journal of Health Monitoring 3 (3), 37–45.

Beyer, Ann-Kristin/De Bock, Freia/Hölling, Heike/Mauz, Elvira/Neuperdt, Laura/Ravens-Sieberer, Ulrike/Schlack, Robert/Wachtler, Benjamin (2020): Auswirkungen der COVID-19-Pandemie und der Eindämmungsmaßnahmen auf die psychische Gesundheit von Kindern und Jugendlichen. Journal of Health Monitoring, 5 (4), 23–34.

Braunmühl, v. Susanne (2018): Tief, tief in uns wohnt die Seele. Gedankenflüge mit dem Seelenvogel. Grundschule Religion, 4. Quartal (65), 8–11.

Gojny, Tanja/Pirner, Manfred L. (2019): Einschulungsgottesdienste als Begleitung des Übergangs vom Kindergarten zur Grundschule – empirische Befragungen von Verantwortlichen. Zeitschrift für Religionspädagogik, 18 (2), 126–146.

Horstmann, Kai (2020): Religion an der Schule. Zum Verhältnis von Unterricht und Seelsorge. Zeitschrift für Religionspädagogik 19, 152–166.

Peters, Beate (2014): Nie mehr Wolkengucken mit Opa? Mit Kindern mithilfe eines Bilderbuchs über Tod und Trauer sprechen. Loccumer Pelikan. Religionspädagogisches Magazin für Schule und Gemeinde des Religionspädagogischen Instituts Loccum, Heft 4, 173–179.

Schwarz, Elisabeth (2003): Die Entwicklung des kindlichen Sterblichkeitswissens. Loccumer Pelikan. Religionspädagogisches Magazin für Schule und Gemeinde des Religionspädagogischen Instituts Loccum, Heft 4, 197–202.

Shah, Hanne (2014): Vom Traurig-Sein und Trauern. Umgang mit trauernden Kindern und Jugendlichen. Loccumer Pelikan. Religionspädagogisches Magazin für Schule und Gemeinde des Religionspädagogischen Instituts Loccum, Heft 4, 164–167.

Quellen aus dem Internet

Lerner, Richard M./Lerner, Jacqueline V. (2013): The Positive Development of Youth: Comprehensive Findings from the 4-H Study of Positive Youth Development. https://sfyl.ifas.ufl.edu/media/sfylifasufledu/broward/docs/pdfs/4h/bulk/Tufts-4-H-Study-of-Positive-Youth-Development.pdf (Zugriff am 30.05.2023).

Mückler, H. (o. J.). Konflikt und Konflikthafitgkeit – ambivalente Kategorien. Grundsätzliche kultur- und sozialanthropologische Annäherungen. https://www.bundesheer.at/pdf_pool/publikationen/int_krisenmngt_bestandsaufnahme_muenkler_konflikt_u_konflikthaftigkeit_33.pdf (Zugriff am 22.05.2023).

Richert, Rebekah A./Harris, Paul L. (2006): The Ghost in My Body: Children's Developing Concept of the Soul. https://psycnet.apa.org/record/2006-21736-003 (Zugriff am 30.05.2023).

Steuerungsgruppe für Schulseelsorge (2017): Informationen zur Schulseelsorge in der Evangelischen Kirche in Hessen und Nassau. https://ksa.ekhn.de/fileadmin/content/ksa-ekhn/redaktion_allgemein/schulseelsorge/Infomappe_Schulseelsorge_2017.pdf (Zugriff am 30.05.2023).

Winkelmann, Susanne (2005): Elternkonflikte in der Trennungsfamilie als Risikobedingung misslingender kindlicher Anpassung nach Trennung und Scheidung. https://eldorado.tu-dortmund.de/handle/2003/21611 (Zugriff am 30.05.2023).

Handouts

Wittmann, Ernst (2019): Schulseelsorge ist mehr als Krisenseelsorge. Handout vom 16.10.19.

Lob, Brigitte (2021): Krisenmanagement für Schulleitungen. Handout vom 30.08.21.

Nach einmaliger Anmeldung haben Sie im Webshop des Verlags auf der Produktseite zum Buch unter dem Reiter »Download« Zugang zum Onlinematerial.
https://www.vandenhoeck-ruprecht-verlage.com/tschage CODE: 4dnAL4ph